코로나 19는
시작일 뿐
경제 몰락이
오고 있다

코로나 19는
시작일 뿐 경제
몰락이 오고 있다

들어가면서 prologue

너희는 예루살렘 거리로 빨리 다니며 그 넓은 거리에서 찾아보고 알라 너희가 만일 정의를 행하며 진리를 구하는 자를 한 사람이라도 찾으면 내가 이 성읍을 용서하리라. 〈예레미야 5장 1절〉

요한 계시록이 더 이상 성경 예언이 아닌 현실인 시대에 우리는 살고 있다. 빠르게 변화하고 있는 이런 현실 앞에서 많은 사람들이 어떻게 대응해야 할지 모르고 있다. 코로나 19를 통해서 적들은 너무나 쉽게 교회를 무력화시키고 있다. 전 세계에서 진보 좌파 정치인들은 이제 반기독교 법을 제정하며 세계를 반기독교적인 사회주의 전체 국가로 만들어 가고 있다.

미국에서 유통되는 달러의 24%는 코로나 이후에 발행된 것이다. 1929년 대공황과 같은 경제 몰락이 임박했다고 지난 30년 간에 세계를 뒤흔든 3번의 경제 공황을 정확하게 예견했던 전설적인 투자자 제레미 그랜섬(Jeremy Grantham)은 경고하고 있다.

지난 2008년 서브 프라임 모기지 사태를 미리 경고했던 유명한 영화 '빅 쇼트, The Big Short (공매도)'의 실제 주인공으로 투자의 전설이 된 마이클 버리도 대공황 수준의 인플레이션이 올 것이라고 예측하고 있다. 마이클 버리는 "나는 2008년 전에도 주택 버블이 꺼질 것이라고 경고했지만, 아무도 듣지 않았다. 지금도 나는 경고한다."라고 말하고 있다.

이미 AI(인공 지능, Artificial Intelligence) 기술의 발달로 전 세계 인류에게 고유 번호가 매겨져서 중앙 컴퓨터에서 관리되고 통제될 수 있게 되었다. 요한 계시록의 짐승의 표에 관한 13장 17절 말씀이 현실적으로 가능하게 된 것이다.

신세계 질서(New World Order), 단일 세계 정부(One World Government), 짐승의 표(The mark of the beast), 세계 단일 통화(World One Currency), 단일 정부 시스템(One Government System) 등 오랫동안 소문으로만 떠돌던 이야기들이 코로나를 계기로 우리 눈앞에서 현실이 되어 가고 있는 중이다. 아주 빠른 속도로 정치, 경제, 사회, 종교, 문화 등 모든 면에서 세계는 적그리스도의 손안으로 들어갈 것이다.

기독교인들이 짐승의 표를 받도록 만들려면 먼저 그들을 가난하고 무기력하게 만들어야 한다. 인류를 가난하게 만드는 계획이 지금 그레이트 리셋(Great Reset, 위대한 재설정)이라는 이름으로 진행 중이다.

가톨릭은 주님의 재림은 믿지만 휴거는 믿지 않는다. 그래서인지, 미국에서 깨어있는 가톨릭 교인들과 수사들은 적들의 계획을 간파하고 강력하게 저항하며 규탄하고 있다. 가톨릭 대주교들이 프란치스코 교황이 적그리스도 정부를 세우고 있다고 명확하게 비난하고 있다.

그 반면에 휴거를 믿는 미국 개신교인들은 적의 계략을 알면서도 자신들은 환란이 오기 전에 휴거 될 것이라고 철썩 같이 믿고 아무런 저항도, 준비도 하지 않고, 다가오는 환난을 강 건너 불난 집 구경하듯 바라보고 토론의 주제로 삼고 있다.

이처럼 마지막 때에 관하여 환란 통과를 믿는 사람들과 환란 전 휴거를 믿는 사람들 간에 환란과 기근에 대해 어떻게 대처해야 하는가에 대한 관점과 태도가 많이 다르다.

중국이나 러시아, 동구권 유럽 국가에서 환란과 박해를 경험한 기독교인들이 기독교인은 환란을 통과하지 않는다는 휴거론을 믿지 않는다. 루마니아에서 순교적인 신앙을 지킨 리처드 웜브란트(Richard Wumbrand) 목사 같은 이들은 루마니아가 공산화되기 전에 삶을 소박하고 단순하게 정리하고 금식 기간을 늘리고 성경 말씀을 외우며 다가오는 환란에 대비했고, 그 결과 환란을 이기고 승리했다. 중국에서도 기독교인은 환란을 통과할 것이고 이겨내야 한다고 믿는 교인들은 중국이 공산화되며 처절한 박해가 일어났을 때 배교하지 않았지만, 휴거설을 믿는 중국인들은 배교했다고 한다.

한국에 영향력을 많이 미치는 미국 선지자와 목회자들 중에 휴거를 믿거나 긍정적인 믿음을 강조하는 분들이 많이 있다. 그런 영향 때문인지 미국 개신교에서는 그레이트 리셋이라는 이름으로 행해지는 신세계 질서에 대한 강력한 저항이나 경고가 나오지 않고 있다.

미국 기독교가 가는 방향대로 한국 기독교도 따라가는 경향이 있기에 한국 개신교에서도 요한 계시록을 현실로 만들어 가고 있는 글로벌리스트 (단일 세계 정부 추진 세력, 비밀 결사)의 그레이트 리셋에 대한 경고의 음성이 들리지 않고 있다. 이렇게 되면 양들은 무방비 상태로 이리떼에 물려 죽을 것이다.

그러나 아직 우리에게는 이런 흐름을 막을 수 있는 힘이 있다. 진실을 알려야 한다. 국민들의 힘을 하나로 모아야 한다. 진실을 안다면 누구도 이들에게 동조하지 않을 것이다.

적그리스도 세력의 목적과 방법에 대해 폭로하고 알려야 한다. 사탄은 기독교인뿐 아니라 모든 인류를 증오한다. 사탄의 졸개들은 탐욕스러워서 좌파든 우파든 모든 사람의 사유 재산과 자유를 강탈하려고 하고 있다. 인류를 대상으로 한 역사적 유래가 없는 이 악한 사기 행각을 드러내고 폭로하고 그리고 전능하신 하나님께 기도해서 막아내야 한다.

지금은 역사상 드문 전환기의 때이다. 주님은 주님의 군대를 일으키고 그들의 필요를 공급하시길 원하신다. 빛의 자녀들이 결단하고 나서면 천군을 거느리신 전능하신 하나님께서 도우실 것이다.

하나님께서는 이 악한 때에 깨어서 주님과 동행할 주님의 군대를 소집하고 계신다. 그들에게는 주님의 특별한 도움과 안내, 공급이 있을 것이다. 고아와 과부를 섬기고, 이스라엘의 회복을 도우며, 주님의 군대를 지원할 믿음의 자녀들에게, 청지기들에게, 순종하는 성도들에게 호의와 은총이 있을 것이다.

코로나 19는
시작일 뿐 경제
몰락이 오고 있다

목차

코로나 19는 시작일 뿐 경제 몰락이 오고 있다

들어가면서

BOOK 1
당신이 그레이트 리셋에 대해 알아야 하는 이유

1. 조 바이든이 '그레이트 리셋' 운동을 선도할 것이다 29
2. 캐나다의 트뤼도가 수상하다. 캐나다는 그레이트 리셋이 될 첫 번째 국가인가? 36
3. 세계 190개 국가 정상이 그레이트 리셋에 동조하고 있다 44
4. 광야에서 외치는 자의 소리, 계시록이 현실이 되다 46

BOOK 2
그림자 정부 즉, 글로벌리스트는 누구인가?

1. 빌 클린턴의 은사 캐롤 퀴글리가 폭로한 글로벌리스트의 정체와 목적 63
2. 미 외교 협회(그림자 정부 핵심, Council on Foreign Relations, 이하 CFR): 세계에서 가장 큰 권력을 가진 집단 68
3. 교회에 대해 글로벌리스트가 벌인 끔찍한 일들 75

BOOK 3
진보좌파는 글로벌리스트의 작품

1. 대중이 눈치채지 못할 정도로 조금씩, 꾸준히 불가역적으로 변화시켜라 92
2. 꾸준히 적그리스도의 세계로 변화시켜라 95
3. 페이비언(진보좌파) 사회주의는 기독교를 어떻게 생각할까? 102
4. 공산주의와 페이비언 진보좌파는 어둠의 형제이다. 105
5. 4차 산업으로 빨라지는 엔드 타임 시계 106

BOOK 4
그레이트 리셋 - 신세계 질서

1. 그레이트 리셋을 누가 이끄는가? 112
2. 이해관계자 자본주의와 공산주의 115
3. 코로나 19는 명분, 신세계 질서가 목적 118

BOOK 5
대공황의 퍼펙트 스톰이 오고 있다

1. 팬데믹(Pandemic, 범유행) 후에는 늘 기근이 따랐다 124
2. 2008년도 미국발 금융위기를 정확하게 예측했던 마이클 버리 : 나는 경고했다 127
3. 돈의 죽음 133
4. '한 세대 내 경험 못한 인플레 온다' - 수상한 복귀 신호들 (중앙일보 기사) 141
5. 1929년 대공황은 어떻게 전개되었나? 149
6. 미국의 마지막 댄스; 카멀라 해리스가 전면에 나설 때 150

BOOK 6
빌 게이츠의 두 얼굴 - 전형적인 글로벌리스트

1. 우주는 빌 게이츠를 위해 존재한다? 160
2. 보이는 것이 전부가 아니다. 빌 게이츠 - 그레이트 리셋의 기술사 168
3. 미국 최대 농부가 된 빌 게이츠 170
4. 미국 재벌들의 재단의 비밀: 빌 게이츠 재단은 빌 게이츠 만을 위한 재단이다 172
5. 빌 게이츠와 짐승의 표 176
6. 빌 게이츠는 왜 태양을 가리려고 들까? 빌 게이츠 때문에 소빙하기가 올 수도 있다 179
7. 설국열차가 진실이었나? 181
8. 빌 게이츠의 기후 변화 주장이 사기인 이유 183
9. 기후 변화 관련 거짓과 진실 189

BOOK 7
기후 변화로 신세계 질서를 완성시킬 것이다

1. 불편한 진실 196
2. 카지노보다 수익성 좋은 기후 변화? 198
3. 거대하고 치밀한 계획 : 기후 변화로 세계를 사회주의 국가로 만들 수 있다 203

BOOK 8
어떻게 대비해야 하는가?

1. 앞으로 일어날 일들 212
2. 결론 그러면 우리는 어떻게 대처해야 하는가? 215
3. 릭 조이너의 『추수』에 의하면 미국은 내전을 통하여 우파 국가로 회복된다 217
4. 글로벌리스트가 불러올 퍼펙트 스톰에 이렇게 대비하라 221
5. 마지막 때에 큰 재앙을 피하려면 223

별책 빌 게이츠의 책 『기후 재앙을 피하는 법』에 대한 클린텔의 반박(2부) 240

1

코로나 19는
시작일 뿐
경제 몰락이
오고 있다

··· **1부**

당신이
그레이트 리셋
(Great Reset; 위대한 재설정)**에 대해**
알아야 하는 이유
(모르면 가난해진다)

1부

당신이 그레이트 리셋 (Great Reset; 위대한 재설정)에 대해 알아야 하는 이유(모르면 가난해진다)

세계 정부에 대해 논하기 전에 먼저 세계 정부 수립 세력을 지칭하는 용어 4가지를 정리하겠다. 글로벌리스트(Globalist, 세계주의자), 엘리트(Elites), 카발(Cabal, 음모를 획책하는 자들), 일루미나티(Iluminati, 광명회 비밀결사단체)이다. 이들 용어는 모두 세계 정부 수립 세력을 지칭하는 이름이다.

흔히, 세계 정부를 구축해 가려는 사람들을 엘리트 혹은 글로벌리스트, 일루미나티라고 부른다. 엘리트와 글로벌리스트, 그리고 글로벌라이제이션(globalization, 세계화)은 언뜻 듣기에는 좋은 의미를 가지고 있기에 많은 사람들이 혼란스러워한다. 독자들의 이해를 돕기 위해 먼저 용어를 규정하겠다.

엘리트라는 단어는 사전적으로는 어떤 사회에서 우수한 능력이 있거나 높은 지위에 올라 지도적 역할을 하는 사람을 의미하지만, 세계 정부와 연관되어 사용할 때는 사회에서 거대한 자산이나 높은 지위 등 막강한 권한을 가지고 있고 세계 정부를 구축하려는 정치적 의제에 참여하고 있는 사람을 의미한다.

카발과 일루미나티는 모두 음모를 획책하는 자들, 비밀 결사에 가입되어 있는 자들이라는 의미를 담고 있다. 세계 정부 수립 세력이 프리메이슨이나 스컬 앤 본즈 등의 사악한 비밀 조직에 가담해 있으며 비밀리에 세계 정부를 수립해 왔기에 붙여진 명칭이라고 볼 수 있다.

이곳에서 글로벌리스트는 개별 국가의 주권을 해체시켜 세계 단일 정부에 귀속시키는 음모를 추진하는 세력을 의미한다. 저자는 글로벌라이제이션을 세계가 국가 간의 경제, 문화, 안보 등이 전반적으로 상호 관련되어 있다는 사실을 설명하는 기술적인 용어가 아니라, 글로벌리스트의 정치적 의제(개별 국가의 주권을 제거하고, 유럽 연합처럼 병합시키고 사회주의로 전환시켜 관료들을 중간에 두고 통치하려고 하는)를 묘사하는 용어로 사용하고 있다.

대부분의 사람들이 글로벌라이제이션을 이해할 때는 삼성 핸드폰이 한국에서 뿐 아니라 전 세계에서 판매되는 삼성의 글로벌라이제이션 같은 첫 번째 의미의 긍정적인 의미의 글로벌라이제이션만을 연상할 것이다. 그래서 글로벌리스트라는 단어도 이런 긍정적인 의미의 글로벌라이제이션을 추진하는 사람들로 이해하고 있다.

주류 언론이 조지 소로스(George Soros) 같은 세계 정부주의자들을 글로벌리스트라고 부르고 이들의 목표도 글로벌라이제이션이라고 부르기 때문에 대중은 조지 소로스나 헨리 앨프리드 키신저(Henry Alfred Kissinger) 같은 사람들이 원하는 글로벌라이제이션(세계화)은 세계 단일 정부 수립이라는 것과 이들은 글로벌리스트(긍정적인 의미의 세계주의자)가 아니라 세계 정부주의자라는 사실을 모르고 있다. 필자는 두 번째 의미로 글로벌리스트와 글러벌라이제이션을 사용하고자 한다.

글로벌리스트가 세계화를 추진하는 이유는 개별 국가 주권을 해체시켜 국민들이 아닌 자신들이 권력을 갖고 세계를 하나의 경제 체제, 시장으로 묶어 자신들만의 독점권을 갖기 위한 것이다. 그렇기에 이들은 개별 국가의 주권을 강조하는 국가주의자 트럼프나 보통의 국민들을 가장 경멸한다. 이들에게는 애국심은 가장 혐오스러운 단어이다.

혹시, 아직도 세계 정부가 음모론에 불과하다고 생각하는 사람들은 워싱턴 타임스에 1월 25일 자 기사를 읽어 보면 도움이 될 것이다.

워싱턴 타임스는 2020년 1월 25일 조지 소로스의 다보스 연설에 대해 '89세의 소로스가 여전히 미국을 파괴하려고 한다'라는 제목의 기사를 실었다. 소로스의 "주권 국가의 악에 대해 젊은이에게 교육하겠다"라는 말에 대해 워싱턴 포스트지는 다음과 같이 재해석했다. 다음 세대의 젊은이들에게 순종만 하는 유순한 세계의 시민이 되라는 것이다.

소로스는 그것이 가장 중요하며 지속적으로 해야 할 프로젝트라고 부르는데 정말 그의 계획대로 될 수가 있다. 그렇게 된다면 국경은 사라지고 세계 정부가 들어설 것이며 우리가 알고 있는 미국은 사라질 것이다. 아이들의 미래를 위해서 아이들에게 미국의 위대함에 대해 가르쳐야 한다.[1]

다보스는 스위스에 있는 스키 타운이다. 매년 1월에 전 세계의 가장 유력한 지도자들이 참가해 세계적인 이슈에 대해 논의한다. 한국에서도 이명박 전 대통령이 참가한 바가 있다. 그런 공적인 자리에서 소로스는 주권 국가는 악하고 세계 정부가 해결책이라고 공공연히 선언하고 있다. 오랫동안 글로벌리스트들은 은밀하게 의제를 추진해 왔으나 최근에는 이렇게 담대하게 목소리를 내고 있다.

워싱턴 타임스의 기자가 소로스의 발언을 재해석한 것과 소로스가 트럼프를 비난한 원문을 잘게 나눠보면 다음과 같은 사실을 알 수 있다.

1. 소로스는 개별 국가, 주권 국가를 악이라고 규정하고 있다.
2. 소로스는 트럼프가 자국 우선주의, 개별 국가주의를 주장하는 사실에 분개하고 있다.
3. 소로스는 다음 세대인 젊은이들에게 주권 국가의 악에 대해 교육하기 위해 수조 원이라는 거액을 투자할 것이다.
4. 소로스는 젊은이들을 교육을 통해 주권 국가의 자유 시민이 아니라 세계 정부에 온순하게 순종하는 사람들로 교육시킬 것이다.

---

1 Chumley.C.K. (2020년 1월 25일). *George Soros, 89, is still on a quest to destroy America*. New York:The Washington Times. 2021년 3월 22일에 검색함. https://www.washingtontimes.com/news/2020/jan/25/george-soros-89-still-quest-destroy-america/

5. 소로스의 계획이 성공하면, 트럼프가 원하고 기독교인들이 원하는 종교 자유를 가진 미국은 사라질 것이다.
6. 소로스는 젊은이들에게 미국을 사라져야 하는 악으로 가르치기 위해 역사를 왜곡시킬 것이다.

소로스의 말이 얼마나 위협적인가를 이해하려면 소로스가 어떤 인물이며 무엇을 해왔는가를 간략하게 알 필요가 있다. 소로스는 헤지펀드 투자자로 약 9조 원을 가진 거부이다. 그는 자산의 많은 부분을 개별 국가의 주권을 고수하는 국가를 전복시키는 어젠다를 추진하는 데 사용하고 있다. 소로스는 미국에서 일어나는 과격한 흑인 인권 운동 단체인 블랙 라이브스 매터(Black Lives Matter), 블랙 판다(Black Panther) 등을 양성하고 지지하고 있으며 우크라이나 혁명, 중동의 봄을 지원했다. 그는 전 세계에 오픈 소사이어티라는 재단(187개)을 두고 이런 일을 행하고 있다. 현재, 세계에서 소로스보다 큰 재단을 운영하는 사람은 빌과 멜린다 게이츠뿐이다. 3년 전 위키리크스가 오픈 소사이어티 재단의 이메일을 유출했는데 유출된 이메일에는 소로스가 유럽 연합, 미국, 러시아의 선거에 개입했다는 사실을 담고 있었다. 이런 소로스의 행적 때문에 헝가리, 필리핀 등 6개국은 소로스 재단이 자국 내에서 활동하지 못하도록 막았고, 헝가리는 "Stop Soros"(소로스 금지법)을 제정했다.[2]

흥미롭게도 한국에도 소로스의 오픈 소사이어티 재단이 있다. 정국을 흔들어 국가 전복을 주로 하는 오픈 소사이어티가 2016년 겨울 한국 탄핵

---

2 RT. (2016년 8월 16일). *Soros hacked, thousands of Open Society Foundations files released online*. Moscow:Russia Today. 2021년 3월 22일 검색함. https://youtu.be/qVeZYetsRCU

정국과 어떤 연관 관계가 있는지가 궁금하다.[3]

트럼프 미 45대 대통령은 소로스가 자신을 반대하는 집회에 재정을 지원했다고 말했다. 미국 주류 언론 폭스 뉴스는 소로스가 미국을 파괴하려고 한다고 보도하고 있다.[4] 미국이나 한국이나 글로벌리스트가 인류로부터 사유 재산 소유권, 언론, 종교, 집회의 자유를 강탈해 가려고 하지만 이를 막아설 정치인이 소수인 것이다.

적 그리스도 세력이 한국을 가난과 무자비한 공산주의 폭정으로 이끄는 것을 막아내려면 먼저 이들에 대해 잘 알아야 한다. 그래야 단결해서 행동하고 기도할 수 있다. 독자들은 앞으로 소로스 같은 세계 단일 정부를 추진하는 세력들이 근 백여 년, 영국과 유럽 그리고 미국에서 치밀한 계략을 수행해 왔으며 코로나를 기점으로 사실상 전 인류를 대상으로 쿠데타를 일으키고 있다는 사실을 확인하게 될 것이다. 글로벌리스트는 백여 년 동안 자신들의 계획을 대중들이 받아들일 수 있도록 포장해서 제시해 왔는데 최근에는 2020년 다보스의 의제인 '그레이트 리셋'이라는 콘셉트를 사용하고 있다.

---

3 Stuart Jeanne Bramhall. (2018년 3월 22일). *The Arab Spring: Made in the USA*. Montreal:Global Research. 2021년 3월 22일에 검색함. https://www.globalresearch.ca/the-arab-spring-made-in-the-usa/5484950
4 Fox News. (2016년 8월 19일). *Analyzing the coverage of the George Soros hack*.New York:Fox TV. 2021년 3월 22일 검색함. https://youtu.be/u8xXB4nPeec

코로나 미스터리

우리에게 공포를 주는 질병들은 대부분 질병에 걸렸을 때 환자가 누구냐에 관계없이 생명에 위협을 가하는 것들이다. 대표적인 질병이 암인데, 암은 남녀노소 가리지 않고, 빈부와 지위를 막론하고 환자의 생명을 위협한다. 하지만 코로나 19는 그런 질병이 아니다. 젊고 지병이 없는 이들에겐 아무 영향도 주지 못할 뿐 아니라, 지금 사망하는 노령의 환자들도 코로나 19가 원인이라고 할 만한 근거는 부족하다.[5]

코로나 미스터리는 여기서 그치지 않는다. 세상에 다른 모든 바이러스는 기독교인, 모슬렘, 불교신자, 무신론자, 진보 좌파 지지자를 가리지 않았다. 그러나 코로나 19는 유독 기독교인에게만 전염성을 띠고, 노인에게만 치명적이다.

출퇴근 시간에 수백만 명이 타고 다니는 지하철, 홍대 앞 거리를 빼곡히 채운 젊은이들, 코로나 19에도 여전히 쇼핑과 식사를 즐기는 사람들로 불황을 모르는 백화점, 진보 좌파와 좌파 집회에서 코로나 19에 전염된 사람은 없다.

코로나 19는 이념과 종교, 나이를 가려서 전염시키는, 전례가 없는 바이러스이다. 지난 십여 년 동안 할리우드는 좀비 영화를 찍어냈다. 좀비 바이러스에 걸리면 모두 좀비가 된다. 바이러스와 전염병에 대한 두려움을 갖도록 할리우드가 세뇌시킨 사람들은 좀비처럼 독감에 불과한 코로

---

[5] 김상수. (2020). 코로나 미스터리. 서울:에디터. 65.
김상수. (2020년 5월 11일). [바른의학21-1] [코로 11편 1부] 무증상 감염자가 많기 때문에 확산을 막기 힘들다는 의료계와 질병관리본부. 무증상감염이 무엇이길래 사람들은 공포에 떨고 있을까?. 2021년 3월 1일 검색함. https://www.youtube.com/watch?v=ZWPlK6Wqki8
저자 주: 글로벌리스트(세계 단일 정부 추진 세력, 비밀 결사)는 세계 단일 정부 설립이라는 핵심의제에 동의하고 있는 소수의 사람들이다. 이들은 글로벌리스트(Globalist, 세계주의자), 엘리트(Elites), 일루미나티(Ilumitati)등 여러 가지 명칭으로 불리고 있다. 저자는 이들을 글로벌리스트로 지칭하고자 한다.

나 19에 대해 이성적이고 합리적인 판단을 하지 못하고 두려움에 휘둘리고 있다.

미국의 유명 의대 존스 홉킨스대는 코로나 19 기간 동안에 미국인 사망률이 그전에 비해 증가하지 않았다는 자료를 발표했다.[6] 그러나 언론은 이런 자료는 보도하지 않고 코로나 19의 위험성에 대해서만 보도하며 정부의 봉쇄를 정당화시켜 주고 있다. 그러나 봉쇄는 경제에 치명적이다.

미스터리한 것은 이뿐 아니다. 대한민국, 미국, 프랑스, 독일 등 대부분의 국가에는 국민이 선출한 대통령이 있다. 이들은 국민의 뜻을 받들어 중요한 결정을 해야 한다. 국민이 선출해 권력을 준 사람만이 권력을 가질 수 있고 그들은 국민의 뜻을 받드는 정책을 펼쳐야 한다. 그것이 대의민주주의의 기본이다. 그러나 지금 세상은 기업인이 국민들의 뜻에 반하는 결정을 내리고, 국민이 선출한 국가 정상들과 정치인들이 이에 따르고 있다.

예를 들면, 빌 게이츠이다. 그는 선출된 직분을 갖지 못한, 아무런 권력도 권한도 없는 기업인일 뿐이다. 그러나 그가 모든 사람이 백신을 맞아야 하며 봉쇄가 필요하다고 지시한다. 세계의 모든 국가 정상들이 일사불란하게 빌 게이츠의 의견을 받들어 코로나 19 백신 의무 접종과 봉쇄 정책을 따르고 있다.

미국에서는 항공기 회사 CEO가 코로나 19 백신 접종을 받은 사람들만 비행기에 탑승할 수 있다는 규칙을 세웠다. 정부가 아니라 기업인이 그런 결정을 한 것이다.

---

6 Yecla, L.N. (2020년 12월 1일). *John Hopkins University Academic: COVID Hasn't Increased US Death Rate, As Per CDC*. Los Angeles: Christianity Daily. 2021년 3월 15일에 검색함. http://www.christianitydaily.com/articles/10209/20201201/john-hopkins-university-academic-covid-hasn-t-increased-us-death-rate-as-per-cdc.htm#google_vignette

미국부터 시작해서 금융 기업과 투자 기관은 기후 변화 대응에 찬성하고 진보 좌파 성향을 가진 기업과 개인에게만 투자와 대출을 해준다는 결정을 내렸다. 기업이 그런 결정을 내린 것이다. 한마디로 자본주의의 종말인 것이다.

세계 대부분의 사람들은 이름도 들어보지 못한 '클라우스 슈밥(Klaus Schwab)'이라는 사람이 있다. 많은 사람이 클라우스 슈밥은 몰라도 다보스 포럼(Davos Forum)은 알고 있을 것이다. 슈밥은 다보스 포럼 (혹은 세계 경제 포럼, World Economic Forum) 총재이다. 다보스 포럼은 마스터 카드, 마이크로 소프트, 구글 같은 세계적인 기업 천여 개와 파트너 관계를 맺고 있다. 세계 경제 포럼은 세계 기업을 대표한다고 할 수 있다.

기업인을 대표하는 클라우스 슈밥이 세계 모든 국가들이 코로나 19를 기회로 사용해서 '그레이트 리셋[Great Reset, 위대한 재설정=신세계 질서(New World Order)로 가기 위한 거대한 변화]'을 해야 한다고 주장하고 있다. 그리고 세계 각국 정상들이 국민의 의사와는 상관없이 조용히 그레이트 리셋에 참여하고 있다.

그렇다면 그레이트 리셋은 무엇일까? 지금까지 글로벌리스트가 추구했던 모든 프로젝트, 정책, 의제(기후 변화 정책, 뉴 그린 딜, 파리 기후 협약, 어젠다 2030) 등을 모두 모아놓은 모음집이라고 할 수 있다. 즉, 글로벌리스트의 꿈과 소망을 모두 실현시켜 줄 마술 방망이 같은 것이고, 다른 말로 표현하면 자신들이 자손 대대로 지구를 지배할 수 있는 체제를 구축시켜 줄 프로젝트인 것이다.

우리는 빨리 코로나 19 사태가 해결되어 이전처럼 공예배를 함께 드리고 마스크를 벗고 사람들을 자유롭게 만나기를, 정상으로 돌아가기를 원한다. 그러나 클라우스 슈밥은 이전으로 세계가 돌아갈 수 있다는 생각은 소설에 불과하다고 선언했다. 클라우스 슈밥은 비대면 사회가 새로운 정상(뉴 노멀, New Normal;새로운 기준)이라고 주장한다.

교회를 차별하는 바이러스가 나타나더니, 기독교인은 대출과 투자를 받지 못하는 법이 만들어지고 있고, 비대면 사회가 뉴 노멀이라는 허탄한 말이 그야말로 뉴 노멀로 받아들여지고 있다.

클라우스 슈밥과 빌 게이츠는 정치, 경제, 문화, 산업 구조, 인간의 의미 등 모든 것이 변해야 한다고 주장한다. 클라우스 슈밥과 빌 게이츠만 이런 말을 한다면 '헛소리'로 치부해 버릴 수 있을 것이다. 그러나 클라우스 슈밥이 이끄는 세계 경제 포럼이 유엔과 파트너 쉽을 맺고 유엔을 좌지우지하고 있으며, 빌 게이츠는 WHO(World Health Organization, 세계 보건 기구)에 최대 기부자로 WHO의 모든 중요 결정을 내리고 있다면 더 이상 이들의 말을 돈키호테 같은 발상이라고 무시할 수 없다.

유엔뿐 아니라 IMF(International Monetary Fund, 국제 통화 기금), 월드 뱅크 등 거대한 권력을 가진 초국가 기관이 그레이트 리셋(신세계 질서)에 동조하고 있다면 실로 가공할만한 적그리스도적인 미혹이 전 세계를 휩쓸고 있는 중이라고 봐야 한다.

미스터리하게도 국민이 권력을 부여한 적 없는 기업이 이렇게 세상을 이끌어 가기 시작했다. 그 반면에, 국민이 큰 권력을 맡겨준 대통령과 수상들은 좀비처럼 아무런 저항도 없이 기업인의 지시를 따르고 있다. 내막을 알고 보면 이해할 만하다. 그레이트 리셋의 내용은 그레이트 리셋에 참여하는 정치인과 기업인에게 독재적인 권력과 독점적인 부를 보장해주고 있기 때문이다. 그렇다면 국민들에게는 어떤 유익을 줄까? 국민들은 가난을 사랑하도록 만들어질 것이다. 내가 지어낸 말이 아니다.

신세계 질서 세력이 얼굴마담으로 내세운 세계 경제 포럼은 2016년에 어젠다 2030(의제 2030)에 관한 동영상을 만들었다. 그 동영상 속에는 2030년의 세계에 대한 8가지 예측이 제시된다. 글로벌리스트는 그동안 예측이라는 이름으로 실상은 자신들이 만들어 가려는 세상을 제시해 왔다. 세계 경제 포럼 총재 클라우스 슈밥이 주창하는 그레이트 리셋에 어젠다 2030이 포함되어 있다.

어젠다의 2030의 내용을 보면 글로벌리스트가 무엇을 재설정하려고 하는지 이해할 수 있을 것이다.

1. 당신은 아무것도 소유하지 못한다. 그렇지만 행복해질 것이다.
2. 미국은 더 이상 슈퍼 파워(초강대국)가 아니다.
3. 장기가 필요하면 프린트한다.
4. 육류 섭취는 특별식이 된다.
5. 10억 인구 특히 모슬렘 인구가 유럽 등 선진국으로 유입된다.
6. 세계 모든 국가에 탄소세를 부과한다.
7. 화성에 간다.

8. 서구 가치관(기독교 가치관)은 파괴 가능 지점까지 도전받을 것이다.

주의 – 이 자료는 음모론자들이 유추하거나 해석해서 만든 자료가 아니라, 다보스 포럼(세계 경제 포럼)이 만들어 동영상으로 올린 자체 자료이다. (세계 경제 포럼이 유튜브에 게시했던 영어판 동영상은 많은 사람들의 항의 때문인지 내려졌다. 그러나 스페인판은 여전히 올려 있다. 다른 채널에서 올린 영어판)[7]

1번이 가장 섬뜩하다. 여기서 2030년까지 아무것도 갖지 못할 당신은 클라우스 슈밥이나 글로벌리스트, 국제 기업, 유럽과 중동 왕가나 각국 대통령, 수상 등 정치인들이 아니다. 여기서 당신으로 지칭되는 대상은 인류의 99%인 우리들이다. 저들은 우리의 재산을 강탈하겠지만 우리가 행복할 것이라고 말하고 있다. SBS 방송국에서 2018년도에 '리턴'이라는 드라마를 방영했다. 이 드라마에서 사이코패스인 주인공(봉태규)의 대사 '가난한 사람은 돈이 필요 없다'를 떠올리게 한다.

가장 먼저 대대적으로 재설정(그레이트 리셋=위대한 재설정=대대적인 재설정=신세계 질서)될 것은 사유 재산권의 폐지이다.

---

7 Vermilion. D.(2020년 11월 15일). *World Economic Forum Presents: The Great Reset—"You'll own nothing, and you'll be happy." San Bruno:YouTube.* 2021년 3월 24일 검색함. https://www.youtube.com/watch?v=4zUjsEaKbkM
Original source: World Economic Forum Commercial/AD. Davos Group. *8 predictions for the world in 2030.* Youtube.(삭제됨)

8번, 글로벌리스트는 지난 100여 년 동안 교육, 언론, 할리우드를 통해 기독교 가치관을 파괴해왔다. 특히 미국의 기독교 기반을 파괴하는 데 주력해 왔다.[8]

그레이트 리셋에 대해 미국과 호주, 캐나다 등에서 우파 시민들과 2016년 트럼프 대선 선대 본부장이자 백악관 초대 수석 전략가였던 스티브 배넌(스테판 케빈 "스티브" 배넌, Stephen Kevin "Steve" Bannon)이 운영하는 브라이트바트 뉴스(BreitBart News) 같은 대안 언론 매체뿐 아니라 폭스 뉴스까지 보도를 했다. 미국의 대표적인 대안 우파 언론 신문인 브라이트바트 뉴스는 그레이트 리셋에 관해 이미 수십 건의 기사를 내보냈다. 유명 우파 논객 글랜 백(Glenn Lee Beck)이 진행하는 블레이즈 TV(The Blaze TV)에서도 지속적으로 특집을 내보내고 있다. 호주의 대표 우파 방송 스카이 뉴스(Sky News)에서도 계속 그레이트 리셋에 대해 보도하고 있다.

이렇게 미국과 캐나다, 호주뿐 아니라, 필리핀, 유럽 등에서도 우파 논객과 시민들은 그레이트 리셋을 비난하고 저항하고 있다. 한국은 그레이트 리셋에 대해 잘 모르고 있어서 많은 사람들이 곧 재산을 다 잃어버릴 위험에 처해있다.

세계 각국의 정상들은 그레이트 리셋에 대해 드러내 놓고 언급하지만 않을 뿐 그레이트 리셋이 요구하는 모든 정책을 착착 실행하고 있는 중이다. 2021년 2월 다보스 포럼 예비 모임에서 문재인 대통령은 연설을 했다. 다보스 포럼의 총재 클라우스 슈밥은 그에 대해 감사 표시를 다음과 같이

---

8 Horowitz. D. (2019년 3월 5일). *DARK AGENDA: The War to Destroy Christian America*. New York: Humanix Books.

했다.

클라우스 슈밥 세계 경제 포럼 회장이 최근 문재인 대통령에게 보낸 서한에서 '2021 다보스 어젠다 한국 정상 특별 연설에 참여해 팬데믹 이후 글로벌 경제 재건을 시작하는 차원에서 매우 중요한 역할을 했다'고 감사의 뜻을 표한 것으로 알려졌다.

강민석 청와대 대변인은 18일 오후 서면 브리핑을 통해 이같이 언급하면서 '슈밥 회장은 문 대통령의 말씀과 같이 포용성과 지속 가능성을 경제·사회 구조에 편입시킬 때 비로소 인류는 미래의 충격을 이겨낼 수 있는 복원력을 확보할 수 있을 것이라고 했다.'고 밝혔다.[9]

독자 여러분은 앞으로 이 책을 통해 민주당이 지향하는 것이 자유 민주주의가 아니라 '중공식 사회 민주주의'인 것처럼 '글로벌 경제 재건'은 자유 시장 경제의 파괴이며, '포용성'은 진보 좌파 어젠다인 소수성애자 인권, 과격한 페미니즘, 개방적 이민, 열린 국경을 법적으로 강요하는 것이고, '지속 가능성'은 경제 발전을 중단시키는 계획이라는 진실을 알게 될 것이다.

---

9 허주열. (2021월 2월 18일). 슈밥 WEF 회장 "文대통령, 팬데믹 이후 글로벌 경제 재건에 중요한 역할. 서울:The Fact. 2021년 3월 15일에 검색함. http://news.tf.co.kr/read/ptoday/1843813.htm

기업은 언제, 어떻게 세상을 이끌어 가게 되었는가?

가디언지는 2000년도에 다음과 같은 사실을 보도했다.

> "The balanced tipped in 2000, when the Institute for Policy Studies in the US reported that 51 of the largest economie in the world were corporations, and 49 were national economies."
>
> Source: The Guardian

사진 1. 관대한 억만장자들의 문제 Carl Rhodes and Peter Bloom (Source: The guardian)[10]

2000년도 미국의 정책 연구 기관(The Institute for Policy Studies)의 조사에 따르면 세계 100대 경제 기관 중 51개가 글로벌 기업이고 49개만이 국가이다. 세계 200대 기업의 매출 합계는 세계 경제 활동의 4분의 1을 훨씬 웃돈다. 상위 200개 기업의 매출 합계는 모든 나라의 총경제에서 상위 9개를 제외한 국가들의 총경제보다 크다. 즉, 하위 182개국의 총경제 규모를 능가한다. 상위 200개 기업은 인류의 80%를 합한 것보다 두 배나 많은 경제적 영향력을 가지고 있다. 12위 기업 월마트는 이스라엘, 폴란드, 그리스 등 161개국보다 경제 규모가 크다. 미쓰비시는 지구 상에서 네 번째로 인구가 많은 나라 인도네시아보다 크다. 제너럴 모터스는 덴마크보다 더 크다. 포드는 남아프리카보다 더 크다. 도요타는 노르웨이보다 크다.[11]

---

10 Rhodes, C, Bloom, P. (2018년 5월 24일). *The trouble with charitable billionaires*. New York:The Guardian. https://www.theguardian.com/news/2018/may/24/the-trouble-with-charitable-billionaires-philanthrocapitalism

11 Anderson,S., Cavanagh,J. Top 200: *The Rise of Global Corporate Power*. New York:Global Policy Forum. 2021년 3월 15일에 검색함. https://archive.globalpolicy.org/socecon/tncs/top200.htm

2000년도에 세계에서 가장 경제 규모가 큰 기관이 51개가 기업이고 49개 만이 국가라는 사실은 기업의 영향력이 국가의 영향력보다 커졌다는 것을 의미한다. 기업은 정부에 영향을 미쳐 기업이 유리한 대로 정책과 법을 만들 수 있게 됐다는 것을 유추할 수 있다. 즉 정부보다 기업의 힘이 세진 것이다.

2000년도 이후 빅 테크(Big Tech, 하이테크놀로지 대기업들)가 나타나면서 소수 기업의 부의 집중도는 2000년도보다 훨씬 높아졌다. 2020년 소셜 미디어 기업 트위터는 현직 대통령의 트위터를 정지시켰다. 미국 국회가 트위터의 CEO 잭 도시를 소환했지만 잭 도시는 전혀 두려워하지 않았다. 한국은 아직 정부의 힘이 커서 삼성 CEO를 감옥에 보내기도 한다. 그러나 미국은 기업의 뒤를 봐주는 튼튼한 그림자 정부(Deep State)가 오랫동안 미국 정가를 지배하고 있기에 사실, 정부가 기업의 편이다. 트럼프 미 45대 대통령은 이런 흐름에 역행했기에 그토록 치열하게 글로벌리스트들과 전쟁을 해야 했고 주류 언론과 소셜 미디어의 협공으로 강퇴당했던 것이다.

구글, 페이스 북, 아마존 같은 빅 테크와 골드만 삭스, J. P. 모건 같은 빅 머니(Big Money)의 권력은 사실, 유엔, IMF, 월드 뱅크(World Bank, 세계은행)를 지배한다. IMF와 월드 뱅크, 유엔을 등에 업고 세계 경제 포럼이 움직인다면 어떤 국가 지도자가 세계 경제 포럼의 총재 클라우스 슈밥의 지시를 거스를 수 있겠는가?

그렇기에 글로벌리스트는 공개적으로 그레이트 리셋에 관해 토론하고 정책을 발표하고 있다. 그러나 그들과 한통속이 아닌 사람들은 이해할 수 없도록 모호하고 그럴듯하게 들리는 정치적 수사를 사용하고 있기에 그들에 대해 선지식이 없는 대부분의 지구 시민들은 그들의 공허한 수사 뒤에 숨겨진 잔인한 진실을 파악할 수가 없다.

이런 상황에서는 미국 언론 매체의 보도를 요약해서 여러분에게 소개해 드리는 것이 그레이트 리셋의 정체를 생생하게 알리는 가장 좋은 방법이라고 믿는다. 신문 기사 요약, 영상 자료 요약, 유명 정치, 종교인의 증언들을 그대로 소개해 드리려고 한다.

다음은 미국 의회 전문지 더 힐(The Hill)의 기사이다.

1. 조 바이든이 '그레이트 리셋' 운동을 선도할 것이다.[12]

John Kerry reveals Biden's devotion to radical 'Great Reset' movement

사진 2. 존 케리, 급진적 '그레이트 리셋' 운동에 관한 바이든의 헌신적 의지를 드러냄. (Justin Haskins, Opinion Contributor, 12/3/2020)

다음은 미국 대안 언론 매체로 트럼프 행정부의 수석 전략가였던 스티브 배넌이 운영하는 브라이트바트 뉴스에 실린 기사이다.

조 바이든이 그레이트 리셋을 선도할 것이다 - 존 케리 전 국무장관 (현 대통령 기후변화 특사)

사진 3. 조 바이든(좌)과 존 포브스 케리(우)

---

12 Justin Haskins. (2020년 12월 3일). *John Kerry reveals Biden's devotion to radical 'Great Reset' movement*, in The Hill. Washington DC:Peter Greenberger. 2021년 3월 15일에 검색함. https://www.msn.com/en-us/news/politics/john-kerry-reveals-bidens-devotion-to-radical-great-reset-movement/ar-BB1bBu34

1부 | 당신이 그레이트 리셋에 대해 알아야 하는 이유

우르줄라 폰 데어 라이엔(독어: Ursula von der Leyen) 유럽 집행위원회 위원장이나 존 케리 전 국무장관(현 기후변화 특사)과 같은 세계적인 정치 글로벌리스트는 조 바이든을 세계 경제 포럼(WEF)의 세계 경제 전환을 모색하는 '위대한 리셋(The Great Reset)' 사명의 동인으로 보고 있다.

세계 경제 포럼의 패널 토론에서 케리 전 장관(현 대통령 기후변화 특사)은 바이든이 – 백만 명 이상의 미국 일자리를 제거하게 될 – 파리 기후 협정에 다시 참여할 준비가 되어 있다고 말했다. 제임스 델링폴(James Mark Court Delingpole)에 따르면 파리 기후 협정은 선출되지 않은 글로벌 관료들이 '신세계 질서'를 위해 돈, 사유 재산 및 민주주의를 폐지함으로써 세계 경제를 변화시키는 정책이다.

케리는 "그레이트 리셋의 개념은 그 어느 때보다 중요하다"라고 말했다. "개인적으로는… 우리는 매우 흥미로운 시대의 시작점에 와 있다고 생각합니다."

케리 전 장관은 – 미국이 일자리를 죽이고, 산업 폐지에 힘을 실어주는 – 파리 기후 협정에 다시 참여하는 것만으로는 "충분하지 않다"라고 말했다.

"조 바이든이 이것을 믿는다는 것을 압니다. 미국이 '파리 기후 협정'에 재가입하는 것만으로는 충분하지 않습니다. 협정이 요구하는 최소한의

조치만으로는 충분하지 않습니다."라고 케리는 말했다.[13]

파리 기후 협정은 석유, 석탄 관련 산업 폐지 조항이 있기에 전기세는 비싸지고 실업자가 증가하게 만드는 일반 시민에게는 아주 불리한 조항이다. 비싼 전기료 때문에 산업 경쟁력도 낮아진다. 파리 기후 협정을 준수하지 않을 게 뻔한 중국에는 좋은 선물이 될 것이다. 조 바이든의 파리 협정 재가입 결정 자체가 그레이트 리셋에 동조하겠다는 강한 시그널이다.

트럼프 미 대통령은 이런 사실을 알고 있었기에 미국을 파리 기후 협약에서 탈퇴시켰다. 조 바이든은 취임 후 미국을 파리 기후 협약에 재가입시켰다. 전 세계 190개 국가가 파리 기후 협약에 가입해 있고, 2020년부터 탄소세를 부과하고 있다. 전 세계에서 백신 접종 의무화를 실시하려고 준비 중이며 전 세계가 기후 변화 대응을 한다며 산업을 재편 중이다. 심지어는 아프리카 오지에서도 이런 기준이 적용되고 있다. 이렇듯이 전 세계 대다수의 국가 정치인들과 정상들은 조용하게 그레이트 리셋을 실행하고 있는 중이다.

2020년 11월, TIME 매거진은 그레이트 리셋을 특집으로 전면에 걸쳐 보도했다.

---

13 Binder, John. (2020년 11월 19일). *John Kerry Talks 'Great Reset': 'We're at the Dawn of Extremely Exciting Time*. Los Angeles: BreitBart News. 2021년 3월 15일에 검색함. https://www.breitbart.com/politics/2020/11/19/john-kerry-talks-great-reset-were-at-the-dawn-of-extremely-exciting-time/
저자 주 : 2015년 체결된 파리 기후 협정은 금융이 진보 좌파 어젠다를 지키고 탄소 절감을 하는 기업과 개인에게 투자와 대출을 우대해 준다는 충격적인 내용을 담고 있다. 이념(ESG)을 점수로 매겨 신용에 반영한다는 협정으로 저들의 공산주의 어젠다에 순응하지 않는 개인과 기업은 파산시키겠다는 정책이다. 한마디로 파리 기후 협정은 자본주의의 종말이라고 보면 된다.

글로벌리스트의 관점에서 매우 우호적으로 글로벌리스트의 이 비인간적인 폭정을 여러 가지로 포장해 대중에게 선보인 것이다. 대중 잡지 타임지가 다룰 정도이니 그레이트 리셋은 더 이상 음모론도 아니고 글로벌리스트만의 비밀도 아닌 것이다.

그레이트 리셋이라는 잔인한 계획에 대해 용감하게 증언해 줄 더 많은 증인들이 있다.

전 미국 국회의원 론 폴의 증언-거대한 정부, 개인은 자유를 잃게 된다.

사진 4. 로널드 에른스트 "론" 폴(Ronald Ernest "Ron" Paul)

당신은 실시간 추적 감시 대상이 될 것이다

세계 경제 포럼 대표인 클라우스 슈밥은 코로나 19 바이러스에 대한 과잉 대응을 이용하여 전 세계적인 '그레이트 리셋'을 시작할 것을 제안했다. 그레이트 리셋은 전 세계적으로 정부의 권력을 확장하고 개인의 자유를 억압하는 것이다.

슈밥은 대기업이 정부와 파트너 역할을 하는 권위주의적인 시스템을 구상하고 있다. 대기업은 정부가 부여한 독점권을 행사하여 주주 대신 '이해 당사자들'의 가치를 극대화할 것이다. '이해 당사자'에는 정부, 국제기구, 대기업 그리고 '시민 단체'가 포함된다.

'그레이트 리셋'은 실시간 추적을 통해 상대를 적극적으로 감시한다. 사람들은 이제 여행을 하려면 디지털 인증서를 받아야 한다. 심지어는 항상 감시하려고 인간의 신체에 디지털 인증서를 어떠한 형태로든 강제 이식할 것이다.

범죄를 저지를 것으로 예상되는 사람도 체포되는 극단적 감시사회

슈밥의 인간 감시 제안에는 뇌의 스캔과 나노 기술을 사용하여 개인의 미래 행동을 예측하고, 필요하다면 범죄를 미리 예방한다는 영화 '마이너리티 리포트'에 나오는 기술을 사용하는 것도 포함되어 있다.

정부 관료들은 범죄를 저지를 것으로 예상되는 사람, 즉 잠재적 범죄자를 체포할 수 있게 된다. 사람들의 두뇌는 '스캔' 당할 것이다. 그들은 (미

연방 정부의) 수정 헌법 제2조와 다른 권리를 침해할 것이다. 추적 및 감시 시스템을 사용해서 인간의 생명과 자유, 행복 추구와 같은 하나님이 주신 권리를 침해할 것이다. 또한 '자신들을 반대하는 정치적 견해'를 표현하는 사람들을 침묵하도록 만들 것이다.

보편적 기본 소득은 정부에게 절대적 힘을 줄 것이다. 그레이트 리셋이 아닌 자유의 위대한 재탄생이 필요하다.

그레이트 리셋은 보편적 기본 소득 프로그램을 통해 거대한 정부를 탄생시킬 것이다. 정부의 권한이 극대화될 것이다. 전제적·절대적 힘을 가진 정부는 대중들이 그레이트 리셋의 권위주의적인 조치에 순응하도록 이끌 것이다. 물론 대중은 매우 비싼 대가를 치르게 될 것이다.

코로나 19로 인한 봉쇄는 경제와 개인 생활에 대한 정부의 통제 위험성을 여실히 보여준다. 대중이 피부로 느낄 수 있을 만큼 그 민낯이 그대로 드러나고 있다. 봉쇄로 인해 많은 영세 기업이 문을 닫았으며, 실업률이 증가했고 약물 남용과 가정 폭력, 자살이 모두 증가했다. 그다지 크게 위험하지 않은 바이러스를 핑계로 미국은 물론이고 세계 각국의 정부는 폐쇄 명령을 내렸다. 이에 힘입어 정치인들은 마스크 의무 착용과 사회적 거리 두기라는 실패가 보장된 봉쇄 정책을 두 배로 늘리고 있다. 한편, 이미 정부의 동반자가 된 테크노 대기업들(빅 테크)은 코로나 19 바이러스의 위협이나 사회적 거리 두기, 마스크 의무 착용, 백신의 효과와 관련한 정부의 공식적인 방침에 의문을 제기하는 사람들에 대하여 침묵하도록 직·간접적으로 억압하고 있다. 권위주의적 그레이트 리셋 대신에 우리에겐 '자

유의 위대한 재탄생'이 필요한 시점이다!¹⁴

---

14 가을하늘. (2020년 1월 7일). 그레이트 리셋은 정부의 권력을 확대하고 개인의 자유를 억압하는 것이다. 성남: 네이버블로그. 2021년 3월 15일에 검색함. https://blog.naver.com/sekiho007/222200022320
Original source: Ron Paul. (2021년 1월 4일). *The 'Great Reset' is about Expanding Government Power and Suppressing Liberty*. ronpaulinstitute.org. 2021년 3월 15일에 검색함. http://www.ronpaulinstitute.org/archives/featured-articles/2021/january/04/the-great-reset-is-about-expanding-government-power-and-suppressing-liberty/

미국의 이웃인 캐나다에서 일어나고 있는 일들.

2. 캐나다의 트뤼도가 수상하다. 캐나다는 그레이트 리셋이 될 첫 번째 국가인가?

팬데믹이 그레이트 리셋(신세계 질서)을 실행할 수 있는 기회를 제공하고 있다
- 쥐스탱 피에르 젬스 트뤼도 캐나다 총리

조나단 위트의 트위터 2020년 11월 16일 내용은 다음과 같다. 쥐스탱 트뤼도는 코로나바이러스 대유행을 WEF에 따라 '재설정'할 수 있는 기회라고 부르며, 바이든이 캠페인 슬로건으로 사용하게 된 '더 낫게 만들자(Build Back Better)'를 앵무새처럼 따라 하고 있다.

그레이트 리셋은 간단히 말해서, 세계 경제를 인류의 의지와 뜻과 상관없이 중세 유럽식 봉건주의로 바꾸기 위한 계획이다. 돈도 사유 재산도 민주주의도 없어질 것이다. 대신에, 당신이 생계를 위해 무엇을 할 것인지, 얼마나 많은 것을 소비할 수 있는지, 휴가를 갈 수 있는지의 여부와 같은 모든 주요 결정은 당신과는 상관도 없고 어떤 책임도 지지 않는 '글로벌리스트 전문가'에 의해 결정될 것이다.

봉건영주가 모든 권력을 갖고 자신의 영토에 사는 농노를 지배한 것처럼 국민들은 아무런 권력도 재산도 갖지 못한 채 글로벌리스트가 임명한 관료와 기업의 지배를 받게 될 것이다.

그레이트 리셋은 음모 이론처럼 들리며, 자신은 현명하고, 알 것은 다

안다고 생각하는 사람들에 의해 종종 음모 이론일 뿐이라고 무시된다. 사실, 그레이트 리셋을 추진하는 사람들은 그들의 계획을 완전히 공개하고 있다. 그들은 그레이트 리셋에 대해 말하는 것을 자제할 수가 없는 듯하다.

이 사람들 중 한 명은 캐나다의 총리 쥐스탱 피에르 젬스 트뤼도(Justin Pierre James Trudeau)이다. 트뤼도가 '그레이트 리셋'에 대해 이야기하는 영상이 있는데, 그 영상은 소셜미디어에서 신경질적인 관심을 불러일으켰다.[15]

다음은 그 기사에 달린 댓글 중 하나이다

로고스:그레이트 리셋 = 공산주의 2.0. 그들은 단지 아무도 눈치채지 못하길 바라면서, 실패한 공산주의 아이디어를 다른 이름으로 몰래 실행하려고 하고 있을 뿐이다.

캐나다의 앨버타주 주지사, 제이슨 케니(Jason Kenney)는 용감하게 정면으로 그레이트 리셋을 비판하고 있다.

이렇게 국민을 위해 진실을 말하는 정치인은 소수이다.

---

15 Global News.(2020년 9월 30일). *Coronavirus: Trudeau tells UN conference that pandemic provided "opportunity for a reset"*, in Global News. Toronto:Corus Entertainment Inc. 2021년 3월 18일 검색함. https://www.youtube.com/watch?v=n2fp0Jeyjvw

사진 5. 캐나다의 앨버타 주지사인 제이슨 케니(Jason Kenney)

"우선 그레이트 리셋이 무엇인지 먼저 말씀드리겠습니다.[16]

피에르 파울리예프 연방 보수주의 금융 평론가는 최근 이것에 대한 우려를 제기했는데, 그 후 그는 언론과 진보주의자들로부터 음모론을 퍼뜨린다는 공격을 받았습니다.

『그레이트 리셋』은 책 이름인데, 그 책을 쓴 사람은 유명한 클라우스 슈밥입니다. 그는 제게 사본을 보냈습니다. 아마도 그는 전 세계의 모든 정부 지도자들에게 한 권씩 보냈을 겁니다.

클라우스 슈밥의 저서의 논지는 세계와 정부 그리고 국가들이 공중 보건 위기(코로나 19 위기)와 (봉쇄로 인한) 경제 위기를 기회로 포착하여 세

---

16 Kenney. J. (2020년 12월 07일). *What is "the Great Reset?"*. Facebook. 2021년 03월 16일에 검색함. https://www.facebook.com/kenneyjasont/posts/10158801470197641

계를 재 상상하고 정책을 근본적으로 변화시켜야 한다는 것입니다.

그레이트 리셋은 자유를 축소하고 정부 권력을 증가시키고 엄청난 빈곤을 초래할, 특히 에너지 부분에서, 더 많은 정부 개입을 요구하는 '좌파 아이디어의 잡동사니 모음집'이라고 말하고 싶습니다.

그레이트 리셋은 음모론이 아니다
그레이트 리셋은 음모론이 아니며 저는 그레이트 리셋에 대해 불쾌하게 생각하고 있습니다.

그것은 매우 영향력 있는 사람들이 옹호하고 있는 실제적인 일련의 구체적인 제안들입니다. 트뤼도 캐나다 총리도 그들 옹호자 중에 포함되어 있습니다. 그는 몇 달 전 유엔에서의 연설에서 슈밥의 이론을 언급했습니다. 그래서 그레이트 리셋을 옹호하는 사람들이 있다고 말하는 것은 음모이론이 아닙니다.

전 세계에서 코로나 19 때문에 가장 고통받은 사람들은 가난한 사람들이었습니다. 그런 가난한 사람들을 클라우스 슈밥의 정책을 통해 전기나 석유도 제대로 사용하지 못하는 에너지 빈곤으로 더욱 몰아넣을 것이라는 생각에 저는 솔직히 불쾌감을 느낍니다. 그레이트 리셋은 음모도 음모이론도 아닙니다. 영향력 있는 사람들이 자신의 정치적 비전과 가치를 발전시키기 위해 이와 같은 위기를 노골적으로 이용하려 한다는 것은 매우 불쾌하고 유감스러운 일이라고 생각합니다."

내부자 고발 - 이런 상황에서 용감한 내부자가 기밀문서를 유출시켰다.

한 보수주의 의원이 캐나다 정부가 글로벌 리셋을 2021년에 실행할 것이라는 내용을 담은 문서를 유출시켰다. 이 문서에는 캐나다인의 빚을 탕감해주고 모든 재산은 IMF에 넘기고 백신 접종 거부자는 무기한 수감한다는 내용이 담겨 있는데 이는 비가노 대주교의 문서 내용과 같다.

캐나다의 글로벌 재설정 계획이 유출된 것인가?

쥐스탱 트뤼도는 백신 접종을 거부하는 사람을 수감하는 대규모 봉쇄를 하려고 하는가?[17]

매우 중요한 정보를 제공하고 싶습니다. 저는 캐나다 자유당의 의원입니다. 저는 여러 위원회 그룹에 속해 있지만 제가 제공하는 정보는 전략계획 위원회(PMO가 운영)에서 나온 것입니다. 이런 일(기밀문서 유출)을 하는 것은 즐겁지 않지만 해야만 합니다.

캐나다인으로서, 그리고 더 중요한 것은 내 아이들 뿐만 아니라 다른 아이들에게도 더 나은 미래를 주길 원하는 부모로서 저는 이를 알려야만 합니다. 제가 이렇게 행동하는 또 다른 이유는 캐나다 국회의원의 약 30%가 캐나다가 나가고자 하는 이런 방향을 찬성하지 않지만, 이러한 우리의 의견을 무시하고 저들은 목표를 향해 나아갈 것이 분명하기 때문입니다.

---

17 The Canadian Report. (2020년 10월 14일). *Is this leaked info really Trudeau's crazy COVID plan for 2021? You decide* …Vancouver:The Canadian Report. 2021년 03월 16일 검색함. https://usercontent.one/wp/www.moet-wakker.nl/wp-content/uploads/2020/10/Is-this-leaked-info-really-Trudeaus-crazy-COVID-plan-for-2021-You-decide-...-The-CANADIAN-REPORT.pdf

그들은 자신들의 계획을 누구도 막을 수 없다고 분명히 밝혔습니다. 실행 로드맵과 목표는 PMO에 의해 설정되었으며 다음과 같습니다.

'모든' 재산 및 자산의 소유권을 '영원히 상실'하게 된다

캐나다 국회 전략 계획 위원회에서 토론된 내용으로 로드맵은 이미 주어졌습니다. 이것은 캐나다인의 삶을 영원히 바꿀 것입니다. 국제적인 규모의 경제 붕괴를 상쇄하기 위해 연방 정부가 캐나다인들에게 본질적으로 완전한 부채 탕감을 제공할 것이라고 들었습니다 연방 정부는 IMF가 캐나다에 모든 자금을 제공하고 모든 개인 부채(모기지, 대출, 신용 카드 등)를 소멸시켜 줄 것을 제안할 것입니다. 이 총 채무 면제를 수락하는 대가로 개인은 모든 재산 및 자산의 소유권을 영원히 상실하게 됩니다. 개인은 또한 코로나 19 및 코로나 21 예방 접종 일정에 참여하는 데 동의해야 합니다. 이 예방 접종에 참여한 사람은 보건증이라고 하는 사진 신분증 발급을 갖게 되며 완전한 봉쇄 상태에서도 무제한 여행과 무제한 생활이 허락될 것입니다.

그러나 이 계획을 거부한 사람들은 무기한 봉쇄(Lock Down)될 것이다

전략 위원회 회원들이 이 시나리오에서 누가 몰수된 재산과 자산의 소유자가 될 것인지, 그리고 대출 기관이나 금융 기관에 어떤 일이 일어날 것인지 물었지만 단순히 "IMF가 모든 세부 사항을 처리할 것입니다"라는 대답만 들었습니다. 몇몇 위원회 위원들은 또한 빚 탕감-재산 넘겨주기 프로그램과 보건증 또는 예방 접종 일정에 참여를 거부하는 사람에게는 어떤 일이 벌어질지 의문을 물었는데 그에 대한 대답은 듣기에 매우 고통스러운 것이었습니다. 그들은 우리에게 그런 일이 결코 일어나지 않도록 계획을 세우라고 말했습니다.

우리는 모든 사람이 이 계획에 참여하는 것이 신상에 좋을 것이라는 말을 들었습니다. 몇몇 위원들이 답변을 하라고 끊임없이 밀어붙이자 이 계획을 거부한 사람들은 무기한 봉쇄될 것이라는 말을 들었습니다. 시간이 지나감에 따라 더 많은 캐나다인이 부채 면제 프로그램에 참여할 것이고 곧 참여를 거부한 사람들은 공공 안전 위험자로 간주되어 격리 시설로 옮겨질 것입니다. 이 시설에 들어가면 2가지 옵션이 주어집니다. 부채 면제 프로그램에 참여한 후 석방되거나 심각하게 공중 보건을 위협하는 사람으로 분류되어 격리 시설에 무기한 억류될 것이고 모든 자산은 압수당하게 됩니다.

단순히 그 지시에 따르라는 명령을 받았다

의원들은 이런 모든 설명을 듣고 난 후 전례 없는 매우 격렬하고 심각한 토론을 하게 되었습니다. 결국 PMO는 모두가 동의하든 동의하지 않든 전체 의제를 진행할 것이라고 암시했습니다. 캐나다만이 아니라 모든 국가가 비슷한 로드맵과 의제를 갖게 될 것이라고 합니다. 모든 사람의 유익을 위해 더 큰 규모의 변화를 만들어 내고자 팬데믹(코로나 19) 상황을 활용해야 한다고 그들은 말합니다. 반대하는 멤버들과 그런 일로 인해 발생할 수 있는 핵심 이슈를 제기한 멤버들은 완전히 무시당했습니다. 우리의 의견과 우려는 무시당했습니다. 우리는 단순히 그 지시에 따르라는 명령을 받았습니다.

나는 이러한 계획을 좋아하지 않으며, 이 계획은 모든 캐나다인을 어두운 미래로 밀어 넣을 것이라고 생각합니다.

캐나다 트뤼도 총리의 거짓된 해명에 더 불안해진 시민들

캐나다의 트뤼도 총리는 위와 같은 정보가 유출되자, 서둘러 기자 회견을 열어 글로벌 리셋은 음모론에 불과하다고 부인했다.[18] 이와는 다르게 캐나다의 공중 보건 국장인 탐은 "백신 접종을 거부하는 사람들을 수용하기 위한 수용소가 건설되어 있는가?"라는 기자의 질문에 모호하고 긴 설명을 했을 뿐 수용소의 존재를 분명하게 부인하지는 않았다. 트뤼도는 기자 회견에서 '사람들이 진실을 말할 때 그것을 음모론으로 몰아가려고 CIA가 만들어 낸 매뉴얼의 문장'을 그대로 인용했다. 또한 트리도의 해명 중에 위의 문서가 보수파 의원에 의해 유출됐음을 시인하는 내용이 있기에 사람들의 불안감은 증폭되고 있다.

---

18 Global News. (2020년 11월 21일). *Coronavirus: Trudeau points to COVID "anxiety" after his UN speech sparks "Great Reset" conspiracy,* in Global News. Toronto:Corus Entertainment Inc.2021년 03월 15일 검색함. https://youtu.be/AVNkSV3VKds

3. 세계 190개 국가 정상이 그레이트 리셋에 동조하고 있다.

미국의 대통령을 비롯하여 영국·캐나다·파키스탄의 정부 각 수상이 다 같이 '빌드 백 베러(Build Back Better)'라는 의제를 추진하겠다고 한다. 심지어 영국 왕실도 그레이트 리셋을 홍보하는 유튜브 동영상을 내놓고 있다. 그레이트 리셋에 세계 190개 정상이 동조하고 있다.

사진 6. Building Back Better, attempted programming
보리스 존슨 영국 총리(좌측상단), 조 바이든 미국 대통령(상단 중앙), 임란 칸 니야지 파키스탄 총리(중앙 하단)   사진 출처 : (We) Are The News https://wearethene.ws/notable/150349

빌드 백 베러(Build Back Better)는 클라우스 슈밥이 사용한 용어로 그레이트 리셋 프로그램을 하자는 말과 같다. 조 바이든 미국 대통령, 보리스 존슨 영국 총리, 임란 칸 파키스탄 총리, 경제 개발 협력 기구 OECD, 캐나다의 유럽 환경 정책 위원회에서 모두 빌드 백 베러 정책을 실행하겠다고 발표했다.

영국의 후계자인 찰스 왕세자는 '세계적인 변화'(즉, 전 세계적인 변화)가 일어나야 하며, 인류가 기후 때문에 종말을 맞지 않으려면 지금 바로 행동해야 한다고 하면서 지구의 유익을 위해 우리 삶의 모든 방식을 '그레이트 리셋' 해야 한다고 빌드 백 베러와 같은 목소리를 내고 있다. 이처럼 그레이트 리셋을 '빌드 백 베러'라는 또 다른 이름으로도 포장하여 각국의 국민에게 강요하고 있다.

글로벌리스트는 기후 변화로 인한 지구의 종말을 막기 위해서는 주택이나 자동차 소유, 단독 주택, 종이 화폐, 직업, 육류의 소비, 쇼핑, 지금 그대로의 인류, 프라이버시, 개별 국가, 선출직 정치인 등은 종말을 맞아야 한다고 주장한다. 다보스, 유엔, 캐나다, 미국, 뉴질랜드 등이 2030년까지 모든 것을 '지속 가능한 개발'을 중심으로 정책을 세워놓고 있다. 각국의 정부는 글로벌리스트의 신세계 질서 계획인 빌드 백 베러, 그레이트 리셋, 뉴 그린 딜을 국회나 청문회에서도 논의하지 않고 조용히 실행 중이다. 즉, 국민들이 모르게 진행 중이라는 것이다.

4. 광야에서 외치는 자의 소리, 계시록이 현실이 되다

　글로벌리스트의 악행을 온몸으로 막아온 도널드 트럼프 미국 대통령의 강제 퇴임 후 그레이트 리셋을 정면으로 비판하는 정치인이나 성직자는 정말 드물다. 그러나 소수의 의로운 자들이 굽히지 않고 광야에서 외치고 있다.

　독실한 기독교인 호주의 모리슨 총리, 그레이트 리셋을 비판하다.

사진 7. 독실한 기독교인 호주의 스콧 모리슨 총리

모리슨 총리는 절대적으로 조 바이든과 트뤼도를 따라 '그레이트 리셋'에 가담하지 않을 것이다. - 폴 무레이(Paul Murray, 호주 스카이 TV 진행자)[19]

　글로벌리스트의 어젠다를 가장 강력하게 비판해 온 트럼프 대통령이 제거된 이후 이제 세계에서 이들에게 대항하는 정치 지도자는 소수이다. 호주의 모리스 총리는 그런 국가 정상인데 런던에서 있었던 회의에 참석해 다음과 같이 말했다 "자유 시장 경제과 자유 민주주의가 역사적으로

---

19 Murray, Paul. (2020년 11월 25일). 'Morrison will 'absolutely not' join Biden and Trudeau in 'the Great Reset': Murray'. Sydney:Sky News. 2021년 3월 15일에 검색함. https://www.skynews.com.au/details/_6212186051001

인류가 경험한 적이 없는 가장 큰 평화와 번영을 위한 플랫폼을 제공해왔다. 팬데믹(코로나 19) 불황에서 우리의 경제 회복을 이끄는 것은 바로 이러한 가치다. 이러한 동일한 가치는 우리가 결과적으로 더 큰 경제적 포용과 빈곤 완화를 추구할 수 있는 가장 좋은 방법이기도 하다. 경제 의제를 재설정할 필요가 없다. 우리는 지금까지 해왔던 대로 지속해야 한다."

트럼프 45대 미 대통령이 추천한 바티칸 전 주미 대사 비가노 대주교의 공개서신

비가노 대주교는 가톨릭 내의 비리 그리고 부패와 싸워온 의로운 사제이다. 그가 2018년 프란치스코 교황이 가톨릭 내에 성범죄를 조장하고 있다는 성명을 발표한 사건은 전 세계적인 뉴스가 되었다. 한국 YTN에서도 보도한 내용이다.[20]

도널드 트럼프 미 45대 대통령의 트위터: 명예롭게도 비가노 대주교의 놀라운 편지를 받았습니다. 저는 종교에 상관없이 이 편지를 모두가 읽으시길 원합니다.

사진 8. 카를로 마리아 비가노(Carlo Maria Viganò) 대주교

---

20 YTN news. (2018년 8월 26일). "교황, 추기경 성 학대 5년 전 인지…사임해야" 대주교 주장. Seoul:YTN. 2021년 03월 15일 검색함. https://youtu.be/9MpVPh2JtJ8

Archbishop Viganò's Open Letter to President Trump:
GREAT RESET

다음은 비가노 대주교가 2020년 10월 25일, 트럼프 대통령에게 글로벌리스트가 신세계 질서를 완성하려고 만든 계획 그레이트 리셋에 대해 경고하려고 보낸 서한입니다.

왕이신 그리스도-Solemnity of Christ the King

광야에서 외치는 자의 음성

하나님과 인류에 대한 세계적인 음모로 인해 전 세계의 운명이 위협받고 있는 이 시간에, 대주교로서 여러분께 말씀드립니다. 저는 시민 사회와 종교 지도자들의 침묵 속에서 이 편지를 쓰고 있습니다. 나의 이 메시지를 '광야에서 외치는 자의 소리'(요 1:23)로 받아들이기를 바랍니다.

서구 문화와 기독교 영혼의 자살

제가 6월에 여러분에게 쓴 편지 안에서 말했듯이 지금은 악의 세력이 선의 세력에 대항하여 전투를 벌이는 역사적인 순간입니다. 세속 지도자들과 영적 지도자들이 돌보지 않기에 빛의 자녀들은 혼란스럽고 무질서한 데 반해, 빛의 자녀를 대항하는 영적 세력은 강력하고 조직적입니다. 매일 우리는 사회의 기초, 즉 자연, 가족, 인간 생명에 대한 존중, 국가에 대한 사랑, 교육 및 사업의 자유와 같은 사회의 기초를 파괴하려는 사람들의 공격이 증가하는 것을 감지합니다. 국가의 수장들과 종교 지도자들이 서구 문화와 기독교 영혼의 자살을 꾀하고 있지만, 시민과 신자들의 근본적인 권리는 보건 위기라는 명목으로 거부당하고 있습니다. 팬데믹(코로나 19) 위기는 비인간적인 얼굴 없는 폭정을 수립하기 위한 도구라는 사실이 날마다 확실해지고 있습니다.

'그레이트 리셋'이라고 불리는 글로벌 계획이 진행 중이다

그레이트 리셋의 건축가는 글로벌리스트인데 그들은 모든 인류를 제압하고, 개인의 자유와 전체 인간의 자유를 급격히 제한하는 강압적인 조치를 원하고 있습니다. 여러 국가에서 이 계획은 이미 승인되고 자금이 지원되었습니다. 또 다른 국가들의 경우에는 아직 초기 단계에 있습니다. 이 끔찍한 프로젝트의 공범자이자 실행자인 세계 지도자들 뒤에는 세계 경제 포럼과 이벤트 201에 자금을 지원하고 그들의 의제를 홍보하는 파렴치한 자들이 있습니다.

'그레이트 리셋'의 목적은 전 세계적인 경제적, 정치적 독재

그레이트 리셋의 목적은 보편적 소득을 보장하고 개인 부채를 탕감해 주겠다는 유혹적인 약속을 통해 보건을 명목 삼아 독재를 하려는 것입니다. 국제 통화 기금은 개인 부채 탕감의 대가로 사유 재산을 포기하고 빌 게이츠가 주요 제약 그룹과 협력하여 추진하는 '코로나 19'와 '코로나 21' 백신 프로그램을 준수하도록 강요할 것입니다. 백신 강제 접종은 그레이트 리셋을 추진하는 사람들에게 막대한 경제적 이익을 줄 것입니다. 또한 강제 예방 접종에 따르는 보건 여권과 디지털 ID 부과는 결과적으로 전 세계 인구의 행적을 추적할 수 있게 만들 것입니다. 이러한 조치를 받아들이지 않는 사람은 수용소에 수감되거나, 가택 연금을 받게 되며 모든 자산은 압수될 것입니다.

'그레이트 리셋'은 2021년 초부터 실행될 것이다

대통령 각하, 당신도 일부 국가에서는 올해 말부터 2021년 1분기 사이에 그레이트 리셋이 활성화될 것을 이미 알고 계실 것입니다. 이를 위해 추가 봉쇄가 이미 계획되어 있는데 이는 공식적으로 두 번째 및 세 번째 대유행이 일어나면서 정당화될 것입니다. 공황을 일으키고 극심한 억압을 합법화시키고 능수능란하게 전 세계 경제 위기를 유발하기 위해 팬데믹(코로나 19)을 이용할 것임을 트럼프 대통령도 잘 아실 것입니다. 세계 단일 정부 건축가들의 의도에 따라 팬데믹(코로나 19) 위기는 국가들을 그레이트 리셋에서 되돌릴 수 없게 만들 것입니다. 그들은 우리가 알고 있는 세계의 존재와 기억마저 지워버리고자 합니다. 그레이트 리셋은 우리가 알고 있는 세계가 무너지게 만드는 최종적인 타격이 될 것입니다.

무혈입성을 원하는 적들, 경고에 귀를 닫은 교회-신세계 질서가 빠르게 이뤄지고 있다.

많은 사람들이 -우리가 잘 알고 있는 바와 같이- 선과 악의 충돌과 '종말론적' 같은 표현에 대해 짜증을 냅니다. 이런 현상은 당연합니다. 왜냐하면, 적들이 아무도 몰래 무방비 상태인 성 안으로 침입해 들어가 있는데 누군가 그들의 공격에 대해 알리려고 하니 분노하는 것입니다. 그러나, 정말 충격적인 사실은, 이런 위급한 상황에 대해 경고하는 사람이 없다는 것입니다. 딥 스테이트가 그들의 계획을 비판하는 사람들에 대해 보이는 일관성 없고 분열된 반응은 이해가 됩니다. 주류 언론의 공모로 인해 신세계 질서로의 이행이 거의 고통을 야기하지 않고 눈에 띄지 않게 성공했는데, 그런 때에 하필 그들의 모든 종류의 속임수, 스캔들 및 범죄가 드러나고 있습니다.

루시퍼 단일 정부는 더 이상 음모가 아니라 현실이다

몇 달 전까지만 해도 저들은 이 끔찍한 계획을 비난하면 저들은 그런 사람들은 '음모론자'라고 쉽게 비방할 수 있었습니다. 그러나 이제 우리는 그들의 잔인한 계획이 우리 눈앞에서 아주 사소한 세부 사항까지 차근차근 집행되는 것을 목격하고 있습니다. 지난 2월까지 아무도 우리 도시, 그리고 모든 도시에서 사람들이 단순히 길을 걷고, 숨을 쉬고, 사업을 계속하고, 주일에 교회에 가고 싶어 한다는 이유로 체포될 것이라고는 생각하지 않았을 것입니다. 미국인들의 그림엽서에 나오는 고대 기념물, 오래된 교회, 매력적인 도시, 특징적인 마을이 있는 작은 마법에 걸린 나라 이탈리아에서도 그런 일이 곳곳에서 일어나고 있습니다. 정치인들이 바리케이드 쳐진 궁전 내부에서 페르시아의 총독처럼 법령을 선포하는 동안 개인 사업은 실패하고, 상점은 문을 닫으며, 사람들은 생활, 여행, 일, 기도가 금지되었습니다. 이런 법령이 가져온 비참한 심리적 결과는 절망적인 기업가의 자살과, 친구와 급우로부터 분리된 채 집에서 혼자 컴퓨터 앞에 앉아 수업을 듣게 된 우리 아이들의 자살로 이어지고 있습니다.

악의 편에 선 교황 '딥 처치(Deep Church 즉, 좌파 프리메이슨 가톨릭 성직자 그룹)'를 지지하다

성서에서 바울은 불법의 신비를 (살후 2:6-7) 막아서는 자가 있다고 말합니다. 종교적 영역에서 교회, 특히 교황권이 악을 막아서고, 정치권에서는 신세계 질서의 수립을 방해하는 사람들이 악을 막아섭니다. 이제 분명하게 드러난 사실은 베드로의 의자(교황 좌)를 차지한 사람(프란치스코 교황, 라틴어 Franciscus PP.)이 이런 악을 막아내야 한다는 책임을 배신하고, 그 반대로 처음부터 진보 좌파 글로벌리스트의 이념을 옹호하고 촉진하며, 자신을 교황으로 선택해준 딥 처치를 지지하고 있다는 것입니다. 대통령 각하, 당신은 국가를 수호하고 싶다고 분명히 말씀하셨습니다. 하나님 아래 하나의 국가, 근본적인 자유는 타협할 수 없는 가치지만 오늘날에는 부인당하고 대적당하고 있습니다. 트럼프 대통령 각하, 당신은 이런 고귀한 가치들을 지키며 흑암의 권세, 딥 스테이트의 공격을 반대하고 있습니다.

'조 바이든'보다 더 악한 인물이 옹립될 것이다

당신 주위에는 당신을 세계 독재에 맞서는 최후의 수비대라고 생각하는 사람들이 믿음과 용기를 가지고 모여 있습니다. 조 바이든은 딥 스테이트에 의해 조종되는 인물이며, 스캔들과 부패로 심하게 타협하고 있습니다. 그는 미국에 해를 끼칠 것입니다. 조 바이든은 약점이 많아 협박당하기 쉽기에 바티칸의 '흑암의 성직자' 같은 불법 세력이 그를 무자비하게 이용하여 자신들이 국내 정치와 국제 정치에 모두 개입할 것입니다. 그를 조종하는 사람들은 이미 그보다 더 악한 인물(카멀라 데비 해리스,

Kamala Devi Harris)을 준비시켜 놓았기에 기회가 생기면 조 바이든 대신 그녀를 옹립할 것입니다.

그러나 '그레이트 리셋'은 실패할 것이다 - 거리로 나가자

그러나, '보이지 않는 적'이 멈추지 않고 진전하고 있는 이 암울한 그림 속에도 희망이 보입니다. 적은 사랑하는 법을 모릅니다. 그래서, 그들은 대중을 설득해 정복하고 소처럼 낙인찍으려면 보편적 소득을 보장해주고 주택 담보 대출을 취소해 주는 것만으로는 충분하지 않다는 것을 이해하지 못합니다. 이제 오랫동안 증오와 폭군적인 권력의 남용을 견뎌온 사람들이 자신에게 영혼이 있다는 사실을 재발견하고 있습니다. 이런 영혼은 정체성을 부인하고 획일화시키는 것과 자유를 맞바꿔서는 안 된다는 것을 이해하고 있습니다. 이들은 가족과 사회적 유대, 정직한 사람들을 하나로 묶는 신앙과 문화와 유대의 가치를 이해하기 시작했습니다. 그레이트 리셋은 실패할 것입니다. 그레이트 리셋을 계획한 사람들은 자신의 권리를 지키고, 사랑하는 사람을 보호하고, 자녀와 손자들에게 미래를 제공하기 위해 거리로 나설 준비가 된 사람들이 여전히 있다는 것을 이해하지 못하기 때문입니다.

하나님이 우리를 위하시는데 누가 우리를 대적하랴?

글로벌리스트의 프로젝트에 의해 평준화되는 비인간성은 빛의 자녀들의 확고하고 용감한 반대에 직면하여 비참하게 산산조각이 날 것입니다. 그들은 미워하는 법만 아는 사탄을 편에 두고 있습니다. 그러나 우리 편에는 전능하신 주님, 전투를 위한 준비를 마치신 천군의 하나님이 있습니다. '하나님이 우리를 위하시는데 누가 우리를 대적하랴?' 〈로마서 8장 31절〉.

God bless the United States of America!
미국에 하나님의 축복이 있기를![21]

이런 서신을 트럼프 당시 미 대통령에게 보낸 비가노 대주교는 믿을만한 인물인가?

비가노 대주교는 바티칸에서 베네딕트 교황 다음으로 높은 직위인 바티칸의 국무장관(2009. 6.16-2011.9.3)으로 임명된 성직자였다. 한때 세계 13억 가톨릭 교회의 이인자이자 전[前] 바티칸의 미국 대사를 역임했기에 그런 지위를 통해 세계 최고의 기밀 정보들을 접할 수 있고, 조사할 수 있는 위치에 있었던 인물이다. 그는 또한 지난 20년간 바티칸 내에서 일어난 부패를 폭로해 온 강직한 가톨릭 고위 성직자이다.

과거에 그가 폭로한 바티칸 스캔들이 얼마나 진실성이 있었고 파격적이었는가를 이해한다면 비가노 대주교의 강직하고 용감한 성품에 대해 확신할 수 있을 것이며 대주교의 서신을 진지하게 받아들여야만 한다는

---

21 Archbishop Carlo Maria Viganò. (2020년 10월 25일). *Abp. Viganò warns Trump about 'Great Reset' plot to 'subdue humanity,' destroy freedom*. Front Royal:Lifesitenews. 2021년 3월 15일에 검색함. https://www.lifesitenews.com/news/abp-vigano-warns-trump-about-great-reset-plot-to-subdue-humanity-destroy-freedom

사실도 이해할 수 있을 것이다.[22]

결론 : 글로벌리스트와 적그리스도 왕국의 연합

글로벌리스트 조직은 엄격한 위계질서에 의해 움직입니다. 가담자에게 무조건적인 복종을 요구합니다. 그들은 학문, 정치, 법조계, 할리우드, 언론, 예술 등 모든 분야에서 두각을 나타내는 사람들을 처음에는 조건 없이 도와줍니다. 그러다가 그들이 어느 정도 성공하면 자신들에게 가담할 것을 요구합니다. 가담하면 명성, 부, 권력을 주지만 가담하지 않으면 성공할 수가 없습니다. 한번 가담한 이후에 명령에 복종하지 않으면 직업적인 성공을 잃어버리거나 사회적인 비난, 심지어 죽음도 각오해야 합니다. 그래서 한 번 지시가 내려지면 일사불란하게 움직입니다.

다음은 카를로 마리아 비가노 대주교가 스티브 배넌과 함께 '워 룸(War Room)'을 인터뷰한 기록이다.

중국 공산당의 독재 정권은 한편으로는 그림자 정부와 동맹을 맺고 있기 때문에 공통의 목표를 달성할 수 있습니다. 다른 한편으로 중국은 그레이트 리셋을 이용해 세계 시장에 침략해 중국의 경제적 힘을 증진시키려고 하고 있습니다. 지금, 중국은 외교 정책에서 이 프로젝트를 추진함과 동시에 종교 (기독교)를 제거하기 위해 모택동주의 폭정을 복원시키려는

---

22 Arroyo. R. (2020년 11월 14일). *World Over - 2020-11-12 - (Subtitled) EXCLUSIVE! Archbishop Carlo Maria Vigano with Raymond Arroyo*. Irondale:EWTN. 2021년 3월 15일에 검색함. https://youtu.be/MLclTS3YQqY

계획을 추구하고 있습니다. 그들은 종교를 국가 종교로 대체하려고 합니다. 프란치스코 교황이 이끌고, 글로벌리스트들이 지지하는 보편적 종교와 국가 종교 사이에는 많은 공통된 요소가 있습니다.

베네딕트 16세 때까지 교황은 베이징 독재와 어떤 합의도 맺지 않았고, 로마 교황은 주교를 임명하고 교구를 통치할 독점권을 보유하고 있었습니다. 1990년대 빌 클린턴 행정부 당시에도 전 맥캐릭 추기경은 미국 행정부를 대신하여 중국에서 정치 선교를 수행하면서, 그림자 정부와 그림자 교회 간의 접촉점으로 활동했습니다. 그리고 베네딕트 16세의 사임에 중국이 연관되어 있다는 의혹은 최근 몇 달 동안 나타나는 현상을 볼 때 매우 확실하며 일관성이 있습니다.

그레이트 리셋의 계획에 주류 언론은 동조하고 있습니다. 언론은 그림자 정부의 일부이며 그들이 미래에도 권력을 보장받으려면 글로벌리스트의 의제에 노예적으로 복종해야 한다는 사실을 그들은 인지하고 있습니다.

수년 전, 신세계 질서에 대해 말한 사람들은 음모론자로 불렸습니다. 그러나 오늘날, 교황을 포함한 모든 세계 지도자들은 이른바 음모론자들이 밝혀낸 용어를 정확하게 그 의미대로 사용하며 신세계 질서에 대해 늘 어놓습니다. 사회를 재설정하기 위해 팬데믹이 필요했다는 것을 인정할 정도입니다. 그들은 이제 자신들이 그것을 설계했다는 사실에 자부심을 느끼고 있습니다.

아직도 그레이트 리셋이라는 음모의 존재에 대해 확신하지 못하는 사람들을 위해 질문하겠습니다. 오늘날 진보 좌파들이 우리에게 제시해 온 것들이 그렇게 끔찍하다면, 글로벌리스트가 국가를 완전히 장악하는 데 성공했을 때 우리 아이들은 어떤 세상을 기대할 수 있을까요? 아버지와 어머니가 없는 가족, 일부다처제, 남색, 성별을 바꿀 수 있는 어린이, 종교의 제거 및 지옥의 숭배, 낙태와 안락사, 사유 재산의 폐지, 건강 독재와 영원한 전염병. 이것이 우리가 원하는 세상입니까? 여러분 자신, 자녀, 가족과 친구를 위해 이런 세상을 원하십니까?

우리는 모두 신세계 질서와 그레이트 리셋의 지지자들이 종교, 가족, 생명에 대한 존중, 인간의 불가침의 권리와 국가의 주권과 같이 우리 기독교 문명의 양도할 수 없는 가치를 얼마나 싫어하는지 알아야 합니다.

우선, 세계주의자들이 적그리스도 왕국과 원칙, 수단과 목적을 공유하기 때문에, 세계주의자들의 계획이 무엇이며, 그것이 적그리스도 왕국의 수립에 어느 정도 역할을 하는지 알아야 합니다.

둘째, 이 지옥 같은 계획을 단호하게 비난하고 교회의 지도자들과 평신도들에게 이에 관한 침묵을 깨뜨리고 교회를 변호하도록 요청해야 합니다. 주님께서 이런 소임을 다하지 않은 사람들에게 책임을 물으실 것입니다.

마지막으로, 주님께 우리 각자에게 저항할 힘을 달라고 기도하는 것이 필요합니다. 우리가 이런 시련에 맞설 만큼 강하다면 거짓 그리스도와 거짓 선지자들의 유혹을 받지 않고, 교회의 반석에 닻을 내리는 방법을 안다면, 주님은 우리에게 적어도 지금은 어둠의 자녀들이 패배하도록 허락하실 것입니다.

우리가 두려움 때문에 어둠을 따르고 주님에 대한 헌신의 약속을 저버리고 변절한다면, 우리는 영원한 저주를 받게 될 것입니다. 나는 하나님께서 그들에게 맡겨 주신 영혼들에 대해 하나님 앞에서 자신이 가지고 있는 책임을 깨닫지 못하는 사람들 때문에 두려움으로 떨립니다. 그러나, 하나님을 위해 그리고 민족, 가족의 권리를 지키기 위해 용감하게 싸우는 사람들을 주님은 보호해주실 것입니다.[23, 24, 25, 26]

---

23 Archbishop Carlo Maria Viganò. (2021년 1월 4일). *TRANSCRIPT: Steve Bannon's 'War Room' interview with Abp. Viganò*. Front Royal:LifesiteNews. 2021년 3월 15일에 검색함. https://www.lifesitenews.com/opinion/transcript-steve-bannons-war-room-interview-with-abp-vigano
24 Vann. M., Givetash. L. (2019년 2월 16일). *Former U.S. cardinal Theodore McCarrick defrocked by Pope Francis over sexual misconduct allegations*. New York:Nbc News. 2021년 3월 15일에 검색함. https://www.nbcnews.com/news/world/cardinal-theodore-mccarrick-dismissed-vatican-sex-abuse-scandal-n972331
25 Dulle. C. (2020년 11월 10일). *Top 5 takeaways from the McCarrick Report, in America-The Jesuit Review*. New York:America Press Inc. 2021년 3월 10일에 검색함. https://www.americamagazine.org/faith/2020/11/10/5-takeaways-mccarrick-report-vatican-sexual-abuse-vigano-pope-francis, https://youtu.be/6jSn2F2uQAM
26 Rocca. F. X. (2021년 1월 21). *Vatican Bank's Ex-President Convicted of Embezzlement, Money Laundering*. New York:The Wall Street Journal. 2021년 3월 15일에 검색함. https://www.wsj.com/articles/vatican-banks-ex-president-convicted-of-embezzlement-money-laundering-11611254792

2

코로나 19는
시작일 뿐
경제 몰락이
오고 있다

... **2부**

그림자 정부
즉, 글로벌리스트는
누구인가?

2부
그림자 정부
즉, 글로벌리스트는
누구인가?

'각 언론사의 이사들이 우리의 회의에 참석했지만 거의 지난 40년 동안 침묵하겠다는 약속을 지켜준 워싱턴 포스트, 뉴욕 타임스, 타임지 및 다른 간행물에 감사를 표한다. 우리의 정체가 그 시절에 노출되었다면 세계에 대한 계획을 세울 수 없었을 것이다. 그러나 세계는 더욱 정교해져서 이제는 세계 정부를 향해 행진할 준비가 되었다. 지난 몇 세기 동안에 지속되었던 국가가 개별적으로 결정권을 갖는 시스템보다 초국가적인 지적인 글로벌리스트들과 세계 은행가가 통치하는 편이 훨씬 낫다.' - 데이비드 록펠러

'우리는 당신이 좋고 싫음에 상관없이, 동의를 받아서든 아니면 정복을 통해서라도 단일 세계 정부를 만들어낼 것입니다.' - 1950년 2월 17일 상원 외교위원회와 미 외교 협회(CFR, Council on Foreign Relations) 회원, 제임스 워버그(James Warburg)의 성명서

1. 빌 클린턴의 은사 캐롤 퀴글리가 폭로한 글로벌리스트의 정체와 목적

1966년에 미국 명문 조지타운 대학교의 캐롤 퀴글리 교수가 전 세계를 통합시키려는 목표를 가진 세력이 있다는 사실을 드러내는 책 『비극과 희망』을 저술했다. 캐롤 퀴글리는 빌 클린턴이 민주당 전당 대회에서 대통령 후보직을 수락하는 연설 중에 자신에게 큰 영향력을 끼친 은사라고 감사를 표현했던 인물이다.[27]

사진 9. 『비극과 희망(Tragedy & Hope)』 책 표지

사진 10. 캐롤 퀴글리 교수(Carroll Quigley)
사진 출처 : https://alchetron.com/Carroll-Quigley

---

27 *Carroll Quigley* From Wikipedia, https://en.wikipedia.org/wiki/Carroll_Quigley. 2021년 3월 15일에 검색함.

캐롤 퀴글리 교수는 책 제목을 『비극과 희망』이라고 붙인 이유를 다음과 같이 설명했다.

'단일 세계 정부는 만들어질 것이다. 그 계획에 동조하고 협력하며 그 계획에 적합한 사람에게는 희망이, 그 계획에 반대하고 저항하는 사람에게는 비극이 일어날 것이다.'

'금융 자본주의의 권력은 또 다른 광범위한 목표를 가지고 있었는데, 이는 각 국가의 정치 체제와 세계 경제를 지배할 수 있는, 사적인 세력의 수중에 있는 세계적 금융 통제 체제를 만드는 것입니다. 이 시스템은 빈번한 개인 회의와 회의에서 도달한 비밀 합의에 의해 협력하여 행동하는 세계 중앙은행에 의해 봉건주의적 방식으로 통제되어야 했습니다.'

퀴글리는 세계를 움직이는 진정한 권력자들이 보이지 않는 곳에서 비밀리에 세계정세를 지배하고 있다는 것과 음모론, 비밀 조직, 소수 권력자의 네트워크가 실제로 존재한다는 분명한 자료를 제시해주었다.

퀴글리 교수에 의하면 이들 조직은 너무나 강력해 어떤 국가에 의해 제제도 받지 않으며 누구의 간섭도 받지 않는다. 이들은 국가들을 파멸시키거나 세계 전체를 변화시키는 일을 아주 능숙하게 할 수 있다. 이들은 자신들의 존재와 목적, 정책이 알려지는 것을 원하지 않는다. 이들은 지위나 명예가 아닌 실질적인 권력을 원한다.

이런 진실은 각국의 정부와 교육 시스템, 언론이 인류에게 말하거나 가르쳐온 것과 모순되기에 많은 사람들은 근거 없는 음모론이라고 무시해 버릴 것이다. 그런 사람들은 이런 말은 B급 유튜버 음모론자들이나 하는 말이라고 치부해 버릴 수도 있다.

그러나 캐롤 퀴글리는 음모 이론가가 아니었다. 오히려 퀴글리는 비밀 사회뿐만 아니라 문명의 진화를 연구하는 저명한 역사가였다. 그는 하버드 대학교에서 역사를 전공하여 학사, 석사 및 박사 학위를 취득했다. 그는 프린스턴 대학교, 하버드 대학교 및 조지타운 대학교 외교부에서 강의했고, 미 국방부, 미 해군 및 스미소니언 연구소의 고문으로 일했다.

요컨대, 캐롤 퀴글리는 아이비리그 사회에서 잘 연결되고 자격을 갖춘 회원이었다. 역사가로서 능력을 인정받아 그는 비밀 조직에 의해 그들의 권력 구축의 실제 역사 기록을 정리해달라는 의뢰를 받았다.

캐롤 퀴글리 박사는 이 비밀 네트워크의 은밀한 자료를 볼 수 있었다. 캐롤 퀴글리는 이들 세력을 '엘리트', '네트워크'라는 다소 긍정적인 이름으로 부르고 있다. 이들 집단은 대부분 프리메이슨이나 스컬 앤 본즈 등 비밀 사술 집단에 속해 있다. 이들은 세계를 단일 정부, 단일 경제, 단일 종교로 통합시키려고 한다.

너무나 많은 것을 아는 교수

1975년 3월 24일 워싱턴 포스트 선데이 매거진은 '너무나 많은 것을 아는 교수'라는 제목으로 캐롤 퀴글리와의 대담을 실었다. 퀴글리 교수는 자신이 라운드 테이블의 존재를 알게 된 과정을 이렇게 설명했다.

"나는 그들이, 왕립 국제 문제 연구소(The Royal Institute of International Affairs)의 창립자임을 알고 있었고, 나는 그들이 태평양 관계 연구소(Institute of Pacific Relations)의 창립자임을 알고 있었다. 또한 나는 그들이 미 외교 협회(Council on Foreign Relations)의 대부라는 것을 알고 있었다. 그래서 나는 이 일을 정리하기 시작했고, 이 그룹이 여러 가지 일을 하고 있다는 것을 알게 되었다."[28]

그들은 국제 은행가와 긴밀하게 연관되어 있었고 영어권 세계를 연합시키기 위해 일했다

퀴글리 교수와 이 분야의 전문가인 몬티니 그리핀 등에 의하면 라운드 테이블 그룹은 영국인 세실 로즈와 밀러 두 사람이 만들었다. 세실 로즈는 라운드 테이블(영국 엘리트 모임)이 완성되기 전에 일찍 죽었다. 밀러는 로즈 사후에 그의 비전을 완성해 나갔다.

세실 로즈는 역사상 가장 부유한 사람 중 한 명이었다. 세실 로즈는 프리메이슨이었으며 동성애자였다. 그는 아프리카의 광대한 지역에 걸친 다이아몬드 광산, 금광과 그 외 보물 창고 같은 지하자원을 독차지하다시피 했다. 개인 수입만도 현재 가치로 치면 일 년에 몇 조가 넘었는데, 그 돈을 세계 정부 수립을 위한 목적에 전부 다 쏟아부었다. 그는 죽으면서 7

---

28 저자 주: 국제 문제 연구소, 태평양 관계 연구소, 미 외교 협회 등은 20세와 21세기 가장 강력한 정치 단체이며 실제로는 그림자 정부라고 할 수 있다.

개의 유언장과 함께 그 거대한 재산을 로스차일드가 관리하고 밀러가 운영하도록 했다. (퀴글리의 『비극과 희망』, 스터드의 『로즈의 유언』)

이 비밀 조직은 예수회의 모델을 따라 조직되었다. 밀러는 관련된 자들의 원(Circle of Association)으로 라운드 테이블을 만들었는데 이들은 영국의 제1차 세계 대전 참여와 외교 정책에 영국 정부 최고 수준에서 관여했다. (캐롤 퀴글리)

세실 로즈와 밀러, 로스차일드, 스터드, 발포어 등은 명예나 직책이 아니라 실제적인 권력을 갖기로 결정했다. 그들은 자신들의 비전을 위해서 일해줄 사람들을 대통령, 장관, 주요 기관 국장, 언론사 임직원, 대학 총장으로 임명하고 그들을 통해서 기관들을 움직였다.

라운드 테이블을 중심으로 유엔, 미 삼각 위원회(Trilateral Commission), 미 외교 협회(Council of Foreign Relations), 로마 클럽, 빌더버그, 세계 경제 포럼, 왕실 국제 관계 협회 등이 조직되어 있다.

영국이 국제 사회 패권을 쥐고 있던 20세기 초까지는 왕실 국제 관계 협회(RIA)가 중요했는데 제2차 세계 대전 이후는 미국 지부인 미 외교 협회(Council on Foreign Relations)가 강한 권력을 갖고 있다.

2. 미 외교 협회(그림자 정부 핵심, Council on Foreign Relations, 이하 CFR): 세계에서 가장 큰 권력을 가진 집단

라운드 테이블의 미국 기관은 미 외교 협회이다. 독일 뉴스 매거진 슈피겔(Der Spiegel)은 미 외교 협회(CFR)를 '미국과 서방 세계에서 가장 영향력 있는 사립 기관'이며 '자본주의 최고 정치국'이라고 말했다.

힐러리 클린턴은 국무장관 시절 미 국무성 앞에 새로 개설한 CFR 사무실을 방문해 사실상 CFR로부터 명령을 받아 행동한다는 사실을 이렇게 인정했다. "이곳 국무성 앞에 새로 세워진 CFR지부를 방문하게 돼서 반갑습니다. 나는 뉴욕에 있는 본부 건물은 자주 방문했는데 여기 국무성 바로 앞에 지부가 있으니 너무 좋습니다. 우리는 CFR로부터 많은 충고를 받아왔는데 이제는 미국의 미래에 대해 무엇을 해야 하는지, 어떤 생각을 해야 하는지 알기 위해 멀리 뉴욕까지 가지 않아도 되니 좋습니다."라고 말했다.

국무장관 힐러리가 대통령인 오바마가 아닌 CFR로부터 무엇을 하고 어떤 생각을 해야 하는지 지시를 받았다고 공개적으로 말했다는 것은 CFR이 사실 그림자 정부라는 사실을 인정한 셈이 된다.[29]

미 외교 협회는 약 4,000여 명이 멤버로 있는데 이들은 백악관, 국무성, 국방부, CIA, 법무부, 정책 등 중요한 결정을 내리며 미국을 움직이고 있다. 이들 멤버 중 일부는 자신들이 세계 정부 수립이라는 비전을 위해 일한다는 사실을 모르

---

29 Freethinker2012. (2009년 7월 23일). *Hillary Clinton admits the CFR gives the Orders.* San Bruno:YouTube. (2021년 3월 19일 검색함) https://www.youtube.com/watch?v=Ba9wxl1Dmas

고 있지만 대체로 미 외교 협회의 정책 방향에 동의하는 사람들이다. 미 외교 협회 멤버로 초청되면 평생 직업에 대한 걱정을 하지 않아도 되는 파워 그룹에 속하게 되기에 기꺼이 충성을 다한다. https://www.cfr.org/(CFR의 홈페이지 주소)[30]

미 외교 협회는 정치 분야에서 미국 정가를 거의 장악해 왔다.

존 F. 맥매너스가 『오바마 어젠다를 숨겨라』에서 언급했듯이 (이 책은 오바마의 가이트너-서머스가 발표하기 직전에 쓰임) CFR은 민주, 공화 양당 중 누가 권력을 장악하든지 상관없이 미국 정부에 대한 실질적인 영향력을 갖고 있다. 다른 어떤 기관도 CFR처럼 미합중국의 대통령 8명, 부통령 7명, 국무장관 17명, 전쟁/방위 장관 20명, CIA 장관 18명 등을 멤버로 거느리지 못하고 있다. (2007년까지 기록-오바마 행정부도 거의 CFR 멤버들이 요직에 있었다.) 미국 국민들은 이런 사실을 알지 못한다. 언론이 CFR이나 삼각 위원회에 대해 절대로 언급하지 않기 때문이다.[31]

세계 정부 네트워크의 영향력은 CFR과 '삼각 위원회(Trilateral Commission)'를 통해서 대학, 미디어, 특히 정부의 '외교 정책'에 암처럼 퍼져 나갔다.

---

30 Wikipedia. *Council on Foreign Relations*. 2021년 3월 22일에 검색함. https://en.wikipedia.org/wiki/Council_on_Foreign_Relations

31 Jasper W.F. (2008년 11월 26일). *Obama Picks Come From Same Old CFR Roster*. Appleton:The New American.(2021년 3월 19일 검색함)
https://www.thenewamerican.com/usnews/politics/item/2474-obama-picks-come-from-same-old-cfr-roster

빌 클린턴이 대통령이었던 1991-1992년에는 CFR 임원이 행정부뿐 아니라 정계, 경제계, 교육계, 등 미국의 중요 기관에 포진해 있었다. 부시 대통령, 오바마 대통령 때도 미 외교 협회 멤버들이 중요직을 거의 장악했었다.

미 외교 협회는 은행 창업주, 기업 창업주, 국제 기업 CEO, 언론과 방송사, 신문사 CEO 등 주요 민간인도 회원이다.

글로벌리스트 또는 엘리트들은 지구를 통치하기 위해서는 권력을 집중화시켜야 하며 문화와 경제 체제를 단일화시켜야 한다고 생각하고 있다. 미국과 서구권에서는 미 외교 협회가 중심 세력이지만 아시아, 아프리카, 남미에서는 공산주의 체제, 혹은 사회주의 체제를 지향하며, CFR이 세팅해 놓은 어젠다(의제)에 동조하는 작은 규모의 독립적인 조직들이 많다. 이들 작은 조직들은 CFR이 세계 정부 수립을 위한 금융 권력과 소수 거대 기업 권력의 외곽 조직이라는 사실을 잘 모르면서 협조하고 있다.[32]

CFR과 CIA의 목적: 국가 주권을 해체시켜 세계 단일 정부 권력(유엔이나 세계 정부) 아래 귀속시키는 것이다

세계 단일 정부 수립 세력이 미국에서 가장 먼저 한 일은 미 외교 협회(CFR)를 창립한 것이다. 그리고 CIA를 만들었다. 세계 단일 정부 수립 세력은 미국에 대한 지배력을 강화시켰다. 그 이유는 CFR을 통해 미 외교

---

32 CFR, *Council on Foreign Relations Corporate Members*. 2021년 3월 22일에 검색함. https://www.cfr.org/membership/corporate-members

정책을 장악함으로써 미국의 군대, 경제, 정치 자원을 장악하고 이런 자원을 사용하여 세계 많은 국가들의 주권을 파괴하는 프로젝트를 진행하려는 목적 때문이다. 단일 정부 세력은 이런 과정 중에 발생한 부정적인 정치적인 결과와 부채는 미국에 짐을 지게 하고 자신들은 이득만 챙길 수 있었다.

트럼프 미 대통령은 취임 초부터 미국은 더 이상 외국 국가들(나토와 한국 등)을 무료로 지켜주지 않을 것이라고 말했다. 트럼프 미 대통령의 선언은 이런 단일 정부 세력이 더 이상 미국을 이용하지 못하도록 막겠다는 의지였다.

미국 국민은 선한 일이 아니면 동참하기를 원하지 않기 때문에 세계 정부 세력은 미군을 동원해 전쟁을 하기 위해 그럴듯한 도의 명분을 내세우거나 만들어 낸다. 적이 먼저 공격해 왔다거나(베트남 통킹만 사건), 적에게 세계를 멸망시킬 수 있는 생화학 무기가 있다(이라크 침공 사건)는 명분이 그 예이다.

단일 세계 정부는 국민의 권한을 대행하는 선출직 지도자가 아닌 자신들이 임명하는 임명직 지도자를 원한다.

단일 세계 정부 세력은 국민이 투표로 선택한 대표가 권력을 갖는 현대 국가의 원칙을 제거한 이후에 국가 정상직을 선출직이 아닌 임명직으로 만들려고 한다. 단일 세계 정부 세력은 국가 주권을 약하게 만드는 세력은 무엇이든지 동맹으로 간주하고 국가 주권을 강화하는 세력은 적으로 간

주한다. 글로벌리스트는 대통령 제도가 아닌 상하 양원제도를 원한다. 영연방 국가는 양원 제도이다. 캐나다나 영국의 경우 국민들 과반수가 원하지 않았지만 기관의 권력이 국민보다 더 강했기에 동성 결혼 합법화 등이 쉽게 제정될 수 있었다. 한국에서도 양원 제도를 도입하려는 정치인들이 시도하는 중이다. 기도로 막아서야 한다.

거대 자본가 신세계 질서(그림자 정부) 세력은 공산주의와 기꺼이 협력한다.

그림자 정부 네트워크는 자신들이 절대적 권력을 갖는 세계 단일 정부를 수립하는 목표 달성에 도움을 줄 수 있는 (러시아와 중공 공산당을 포함한) 모든 그룹과 협력하고 있다. 주류 언론은 이 세력에 대해 보도하지 않기에 국민들은 이런 사실을 알 길이 없을 뿐 아니라 미국 국회의원 중 누군가 이 세력에 대해 조사하거나 자료를 요구하면 주류 언론의 인신공격이나 프로파간다(정치 선전)의 대상이 된다. 이들은 언론을 통한 여론 통제를 매우 중요하게 생각한다.

『비극과 희망』관련 해설서『비극과 희망 101』을 쓴 죠셉 플러머(Joseph Plummer)는 세계 정부 세력에 대해 다음과 같은 평가를 하고 있다.

'퀴글리가 지적한 바와 같이, 그가 노출시킨 그림자 정부 세력은 공산주의, 사회주의, 파시즘, 자본주의 등 어느 한 이념을 신봉하지 않는다. 이들은 중요한 목표 달성을 위해서는 어떤 운동이나 이념이든 이용하며 독재자나 폭군도 기쁘게 지지한다. 인류 전체를 지배한다는 목표에 도움이

된다면 어떤 경제 모델 또는 정치 모델도 즐거이 지지한다.'[33]

그림자 정부 세력은 소련이 미국과의 경쟁에서 승리하기 위해 국방력을 강화시키는 것을 막기 위해 소련과 미국 사이에서 균형추 역할을 하도록 중국 공산화를 지원했다. 그림자 정부 세력은 중국이 미국과 동맹을 맺는 것은 금지시켰다. 이는 세계를 적대적인 세력 관계로 분열해서 균형을 잡게 만들어 통치하기 위해서이다.[34]

그림자 정부가 공화당과 민주당 양당을 지배한다

미국의 공화당과 민주당이 상반되는 이념과 정책, 즉 좌파와 우파라고 믿는 것은 세뇌된 학자들이나 받아들이는 말이다. 미국의 양당(민주당과 공화당)은 선거에서 미국 정치에 심각한 변화를 가져올 수 있는 '과격한 정치인'(트럼프와 같이 세계 정부를 반대하는 인물)을 걸러낼 수 있도록 거의 똑같이 세팅되어 있다.[35]

그림자 정부의 도덕성과 그림자 정부의 백 년의 계획

데이비드 록펠러와 함께 삼각 위원회를 만든 키신저는 그의 저서 『디플로메시(외교)』에서 이 세력의 정치 철학을 대표하는 다음과 같은 말을

33　Joseph Plummer. (2014). *Tragedy and Hope 101*. Brushfire Publishing. Kindle Location. 202.
34　Carroll Quigley. (1966). *Tragedy And Hope*. San Pedro:GSG and Associates. 946쪽, 955쪽
35　저자 주: 트럼프가 미 대통령이 된 것은 정말 기적이었다. 미국 대선은 민주당, 공화당에서 먼저 프라이머리(대선 주자 경선) 과정을 거쳐서 대선 후보가 선출된다. 이 과정에서 트럼프같은 아웃사이더는 언론의 부정적인 여론 몰이와 협박으로 탈락시킨다.

했다. '개인은 부도덕할 경우 심판받을 수 있지만 정부는 부도덕해도 판단받지 않는다.' 키신저가 정말 하고자 하는 말은 '세계 정부 세력은 부도덕해도 비판받거나 심판받을 수 없다.'로 해석할 수 있다.

세계 수십 억 인구 전체를 통치할 수 있다고 믿는 오만한 자들이 그 목적을 추구하기 위해 인류에게 가한 고통과 죽음은 다 헤아릴 수 없다. 이들은 목적을 이루기 위해서는 어떤 수단과 방법도 가리지 않는다.

세계를 하나의 체제로 통일하려는 그림자 정부 세력은 백여 년 동안 치밀하게 준비해 왔다. 이들은 백 년 단위의 계획을 세울 수 있다. 2021년 이들은 그 계획을 '어젠다 2030', '그레이트 리셋'으로 부른다. 정치 분야에서 최근에 가장 주도적으로 이끌어온 인물은 조지 소로스(George Soros)이다.

그림자 정부는 진보 좌파라는 이름으로 자유 민주주의 국가를 사회주의로 이끌어 왔다.

그림자 정부는 정치에 침투해 1970년대부터 미국의 민주당을 완전히 장악했다. 록펠러 재단, 포드 재단, 소로스 재단 등은 거대한 기부금을 통해서 대학을 좌경화시켜 왔다. 그들은 막대한 기부금을 무기로 유럽과 미국의 교육에 침투해 진보 좌파라는 이름으로 무질서와 성적 방종, 타락, 인종 간 갈등, 국가 분열을 조장해 왔다. 지금까지 미국 교육, 언론, 정치, 경제, 법정, 할리우드의 지표를 좌경화시켜 왔다. 미국에서 기독교를 제거하고 무신론을 증진하는 것이 목표 중의 하나이다.

3. 교회에 대해 글로벌리스트가 벌인 끔찍한 일들

유럽 연합은 엘리트의 작품

'나는 유럽 연합이 인류 정치사에서 가장 높은 수준의 정치적인 음모의 결정체일 것이라는 사실이 두렵다' - 나이젤 파라지(Nigel Paul Farage, 영국 브렉시트 지도자)

신세계 질서가 만들어질 것이다. 단계적으로 그리고 여기저기서 신세계 질서를 만들어가다가 마침내 완성할 것이다. 무수히 많은 사람들은 새로운 세계 질서를 싫어할 것이고 그것에 항거하면서 죽을 것이다.[36]

유럽 연합은 국제 금융과 국제 기업가들의 주도로 결성되었다. 이들 국제 자본가와 국제 기업 소유주들은 유럽과 미국에서는 엘리트 혹은 글로벌리스트로 부른다. 이들은 유엔, 유럽 연합 등 초 국가 기관을 만들어 국가들을 지배하려고 노력하고 있다.

---

36 H. G. Wells. (1940). *The New World Order*. London: Secker & Warburg. 122쪽, 129쪽

유럽 연합은 겉으로는 세속 정치 조직을 표방하지만, 노골적으로 적그리스도적이다. 창립 시부터 많은 자유 우파 시민과 기독교인들은 유럽 연합이 교회를 파괴할 것이라는 우려를 표현했다.

사진 11. 유럽 연합 포스터

1992년에 만들어진 유럽 연합 초기 포스터로 이제는 찾아보기 힘들어졌다. 포스터 안에 글 내용은 'EUROPE : MANY TONGUES ONE

VOICE ; 다양한 언어로, 목소리는 하나로'이다. 바벨탑의 분열된 목소리를 하나로 통일한다는 사탄의 어젠다로 해석 가능하다. 별도 거꾸로 된 오각형 즉, 사탄의 별이다.

사진 12. 유럽 연합 포스터

남자들끼리 짝이 되어 춤을 추는 커플도 있다(동성애 코드). 사람들의 머리는 직사각형이거나 직사각형으로 변해 가고 있다. 단일한 이념(진보 좌파)으로 세뇌되어 가고 있다. 바벨탑 위의 별은 양이 아닌 염소를 의미하는 오각형 별이다. 바벨탑 앞사람들의 머리는 직각형이거나 직각형이 되어가고 있다. 유럽인들을 하나의 사고로 통일시키자는 뜻으로 해석할 수 있다.

사진 13. 유럽 연합 의회: 유럽 연합의 666번 좌석은 항상 비워두고 있다.

사진 14. 유럽 연합 60주년(2017년 3월 5일) 기념

사진 15. 유럽 연합 60주년 기념 회의 : 교묘하게 666 숫자가 보이도록 장식했다. 전 미국무부 장관 콘돌리자 라이스(Condoleezza Rice)(우측 두번째)

사진 16. 1984년 유럽 연합 2번째 선거 기념 우표(짐승을 탄 여자)
성경에서 짐승은 권력이고 짐승을 탄 여자는 세상을 더럽게 하는 세력이다.

2부 | 그림자 정부 즉, 글로벌리스트는 누구인가?

사진 17. 유럽 연합 동전(짐승을 탄 여자)

사진 18. 브뤼셀의 유럽 연합 건물 앞에 세워진 동상(짐승을 탄 여자)

사진 19. 피테르 브뢰헬(Pieter Bruegel le Vieux)의 '바벨탑'(Tower of Babel)(좌)과 유럽 연합 의회 건물(우)

왼쪽은 유명 화가 피테르 브뢰헬이 그린 바벨탑이고 오른쪽은 프랑스 스트라스부르의 유럽 연합 의회 건물이다.(1993년 11월 1일) 스트라스부르의 건물은 바벨탑의 저주를 극복하고 하나의 목소리를 내자라는 유럽 연합 창립자들의 적그리스도적인 의도를 보여준다.

유럽 연합이 창립될 때부터 많은 기독교인들이 유럽 연합이 요한 계시록에 나오는 짐승의 10개의 뿔일 것이라고 예상했었다. 순복음 교회의 담임 목사였던 조용기 목사도 유럽 연합이 요한 계시록에 나오는 짐승의 열 뿔과 음녀가 될 것이라고 경고했다.

그러나 조용기 목사 같은 기독교인의 예상과는 달리 유럽 연합 가입국의 숫자는 10개를 넘어섰고 유럽 연합은 종교 통합을 도모하지 않았다. 유럽 연합은 유럽의 경제, 정치 체제를 단일화시켜 권력을 집중시키는 데 힘을 쏟았다. 그러자 기독교인들은 경계심을 풀고 더 이상 관심을 보이지 않았다.

교회가 짐승의 표에만 관심을 보이며 잠들어 있는 사이 유럽 연합을 주도하는 국제 금융, 국제 기업 소유주(글로벌리스트)는 미국의 글로벌리스트와 손잡고 유럽과 미국의 교육, 언론, 문화 영역에서 기독교 사상을 파괴하고 진보 좌파 이념을 전파했다.

유럽 연합은 한 걸음 더 나아가 무슬림 이민자 우대 정책을 통해 무슬림들을 반기독교 정책의 홍위병으로 이용했다. 이렇게 교회가 선지자적인 목소리를 낼 수 없도록 만든 후 동성 결혼을 합법화시켰다. 그리고 유럽 교회를 변방으로 쫓아 버렸다. 그 결과 유럽 교회는 영적인 추위와 허기 속에서 쇠락하고 있다. 글로벌리스트는 미국에서도 무슬림들, 사회주의자들을 통해서 교회를 죽이려고 시도하고 있다.

적을 알아야 이길 수 있기에 우파와 기독교인들이 글로벌리스트 세력에 대한 지식이 있어야 승리할 수 있다. 글로벌리스트는 세계를 단일 체제로 만들기 위한 계획을 가지고 움직인다. 이들이 만들어 가는 세계화는 적그리스도적인 단일 세계 정부 수립이다.

3

코로나 19는
시작일 뿐
경제 몰락이
오고 있다

··· **3부**

진보좌파는 글로벌리스트의 작품

3부

진보좌파는 글로벌리스트의 작품

트럼프 행정부의 주택 및 도시 개발부 장관인 벤 카슨 박사는 2018년 9월 22일, 유권자 연합대회에서 그 당시 큰 이슈였던 대법관 후보 보수 우파 카버나흐를 낙마시키기 위한 좌파의 미투 운동에 대해 이렇게 말했다.

'현재 진행 중인 일의 (감춰진) 큰 그림을 실제로 이해한다면 왜 카버나흐 대법관 후보가 그런 공격을 받고 있는지 이해할 수 있다. 미국에는 페이비언 사회주의로 거슬러 올라가는 오래전부터 미국에 살면서 미국을 근본적으로 변화시키려고 하는 사람들이 있다.'

벤 카슨(Ben Carson) 장관은 스스로를 진보된 좌파라고 부르며 미국을 좌경화시키고 있는 좌파들이 사실 백 년 전에 만들어진 페이비언 사회주의 이념과 전략을 따르고 있는 퇴보 좌파라는 사실을 폭로했다. CNN,

CNBC 등 주류 언론은 벤 카슨의 말이 근거가 없다고 일제히 공격했다. 벤 카슨은 트럼프 사단 중에서도 가장 지성적인 보수 우파 인사이다. 미국의 그림자 속에서 130년 동안 미국을 좌경화시켜온 페이비언 사회주의자들이 그려온 큰 그림, 주류 언론이 그토록 감추고 싶어 하는 큰 그림은 어떤 것일까?

20세기 초에 러시아 중국 그리고 50여 개의 식민지국을 공산화시켰던 모택동과 레닌식 공산주의는 서구에서 큰 인기를 끌지 못했다. 오히려 서구 사회를 좌경화시킨 것은 벤 카슨 장관이 말한 페이비언 류의 사회주의(진보 좌파)였다.[37]

진보 좌파의 비밀 병기 페이비언 협회

페이비언 협회 회원은 항상 7,000명으로 유지된다. 영국의 싱크 탱크로만 알려져 있다. 반쯤 개방되어 있어 완전한 비밀 그룹은 아니다. 겉으로는 작은 싱크 탱크 같지만 130여 년 된 페이비언 협회는 사실 채텀 하우스와 더불어 영국의 그림자 정부라고 할 수 있다. 영국의 좌파 당인 노동당의 정책은 모두 페이비언 협회에서 만들어지며 노동당 대표와 노동당 출신 총리는 모두 페이비언 협회에서 나온다. 토니 블레어 전 영국 총리도 페이비언 협회 출신이었다.

---

[37] Eddie Stannard. (2010.3.11). *Goals of Socialism and Fabian Socialism by Stephen Pratt*. 2021년 3월 18일 검색함. https://youtu.be/zJFJbcFSAz0

심장의 욕망에 더 가까이 다가갈 수 있을까? (페이비언, 감성을 건드려라!)
페이비언 류 사회주의(진보 좌파)가 유럽과 미국에서 성공한 이유
페이비언 협회의 문장에서 볼 수 있는 이들의 전략(최근에는 이 문장을 사용하지 않는다)

1. 양의 탈을 쓴 늑대 : 겉은 사회주의, 속은 적그리스도적인 세계 단일 정부 수립 추진

사진 20. 양의 탈을 쓴 늑대 그림의 깃발

2. 천천히 그러나 확실하게

사진 21. 거북이 그림(When I strike I strike hard 리본)

사진 22. Remould it nearer to the heart's desire- Utopia 'Omar Khayyam'

반기독교 가치관으로 세계를 뜨겁게 달군 후 자신들이 원하는 세상을 만든다. 페이비언의 윈도우로 알려져 있다. 초기 페이비언 협회에서 만들었다. 붉은 옷을 입은 사람은 페이비언 협회 창시자 버나드 쇼이다.

왼쪽 하단에 반쯤 일어나 있는 사람은 정부가 감시카메라 등을 통해 개인의 사상까지 감시하는 통제 사회를 그린『소설 1984』를 쓴 조지 오웰이다. 조지 오웰은 이 소설을 1948년에 썼다. 많은 평론가들이『소설 1984』가 소련 전체주의를 그렸다고 하지만 사실은 페이비언 사회주의가 세상을 지배하는 세상을 그렸다고 필자는 믿는다. 그렇게 믿는 이유는 조지 오웰이 페이비언 윈도우 그림에서 처럼 초기부터 페이비언 사회주의를 탈퇴하려고 했고, 영국 BBC와의 인터뷰에서 1984가 현재 인류가 가고 있는 방

3부 | 진보좌파는 글로벌리스트의 작품   89

향이며 두려움 외에 인간의 모든 감정은 다 사라질 것이고 당에 대한 충성심 외에 다른 모든 인간관계는 파괴될 것이라고 경고했기 때문이다. 그는 미래의 모습은 부츠 발로 가격 당하는 인간의 얼굴일 것이라고 말했다. 조지 오웰의 『소설 1984』가 주는 도덕적 경고는 이런 일이 일어나도록 절대로 허용하지 말라는 것이라고도 말했다. 그러나 2021년에 있었던 세계 경제 포럼에서는 2030년까지 조지 오웰의 1984를 현실화시키겠다고 공언하고 있다.[38]

페이비언 협회 창립자이며 지도자였던 버나드 쇼의 어록을 통해서 그들의 사상을 알 수 있다.

'사회주의는 소득의 평등을 의미하며, 사회주의 하에서 당신은 가난하지 않을 것이라는 것을 분명히 하겠다. 당신이 원하던 말던 당신을 먹이고 입히고 가르치고 돌볼 것이다. 그러나 당신 인성의 결함이나 게으름으로 인해 우리가 이렇게 당신을 돌볼 가치가 없다는 사실이 밝혀지면 우리는 당신을 친절하게 죽일 수도 있다. 당신은 살 수 있는 동안에는 잘살게 될 것이다.'

-Brotherhood of darkness 45p-

'세상에는 내가 죽이고 싶은 사람들이 아주 많이 있다. 당신도 죽이고 싶은 사람이 적어도 대여섯 명은 되지 않는가? 생산적이기보다는 말썽을 부리는 사람들, 존재 가치가 없는 모든 사람들을 나는 매 5-7년마다 불러 모으고 싶다. 소득세 징수 공무원이 그들을 불러 질문할 수 있다. "당신의 존재 가치를 입증해

---

38 TheJourneyofPurpose TJOP. (2020.4.18). *George Orwell's Final Words of warning.* London:BBC. 2021년 3월 22일 검색함. https://youtu.be/9k_ptxWsadI

보시오." 증명할 수 없다면, 사회단체에서 제 몫을 해내지 못한다면, 소비하는 것보다 더 많이 생산을 못하거나 조금만 더 생산한다면 이 거대한 사회 조직을 당신의 삶을 유지시키는 데 사용할 수 없다는 것은 명백한 사실이다. 당신이 우리에게 유익하지 못하다면 당신 자신에게도 유익할 수가 없다.'

'과학자들은 많은 사람을 고통 없이 죽일 수 있는 신경가스를 발명해야 한다.'
'나는 히틀러를 존경하며 지지한다.'

'히틀러의 잘못은 신경가스로 대량 살상을 한 것이 아니라 엉뚱한 집단을 죽였다는 것이다.'

'스탈린은 최고의 페이비언 사회주의자이다.'

사진 23. 전 영국 수상 토니 블레어(Anthony Charles Lynton Blair, 1997-2007)가 페이비언 윈도우 옆에 있는 사진. 토니 블레어는 유명한 페이비언주의자이다.

1. 대중이 눈치채지 못할 정도로 조금씩,
   꾸준히 불가역적으로 변화시켜라

페이비언 창립 초기, 수십 명 정도의 영국의 중산층 계급의 지식인들과 소수의 재벌들이 세계 사회주의 국가를 건설한다는 계획을 세웠다. 이들은 로마 장군 파비우스가 카르타고의 명장 한니발을 이긴 전략을 사용하기로 했다.

카르타고의 명장 한니발이 코끼리를 타고 알프스를 넘어 로마로 쳐들어왔다. 로마 장군 파비우스는 한니발에 맞서 싸워서는 이길 가망성이 없다는 사실을 알았다. 그는 맞서 싸우는 정공법 대신 한니발의 주력 부대는 피하고 약한 곳만 조금씩 쳐나가면서 괴롭히는 방법으로 승리했다.

즉, 페이비언 사회주의자들은 레닌처럼 폭동과 파괴를 통해 단숨에 국가를 전복하고 유혈 혁명으로 정권을 잡는 대신, 영국인이 눈치채지 못하도록 영국 문화와 관습과 법을 천천히 포괄적으로 변화시켜서 이전으로 되돌아 갈 수 없을 만큼 바꿔 놓는 문화 쿠데타, 혁명을 일으킨다는 계획을 세웠다.

글로벌리스트들은 몇 십 년에서 백 년까지를 염두에 두고 천천히 치밀하게 움직인다. 이들의 이런 전략을 몰랐던 영국인은 눈뜨고 이들에게 당할 수밖에 없었다.

글로벌리스트에 의한 유럽과 미국, 한국 같은 아시아 국가들 안에서 문

화의 반기독교화는 꾸준히 천천히 포괄적으로 이뤄졌기 때문에 사람들은 이런 변화의 흐름이 자연스러운 세상의 추세라고 생각하고 저항하지 않고 순응했다.

그 결과, 영 연방과 유럽, 미국, 한국에서도 한때는 대부분의 국민들이 절대로 받아들이지 않았을 라이프 스타일이 지속적인 언론, 방송, 영화, 연극, 유행가를 통한 세뇌를 통해 마치 안개가 스며들 듯 국가 곳곳에 스며들며 국민 의식을 변화시켜 왔다. 이것이 버나드 쇼가 말한 점진적 불가역성의 원리이다.

교회를 직접적으로 박해하면 기독교는 오히려 부흥한다. 글로벌리스트는 교회를 정면으로 공격하는 대신 교회를 둘러싸고 있는 문화를 타락시켜 교인들이 스스로 변질되게 만들어 쇠락하게 만드는 전략을 백여 년 동안을 지속적으로 실행해왔다. 교회는 중국과 러시아의 공산 박해는 이겨냈지만 페이비언 식의 유럽과 미국, 한국에서 일어난 점진적 불가역적인 문화 타락을 통한 미혹에는 승리하지 못했다.

루소는 사람들로 하여금 자발적 노예가 되게 하는 것이 가장 완전한 통제라고 했다. 자발적 노예들은 저항의 의지마저 빼앗긴 자들이기 때문에 노예의 속박을 벗어날 가능성이 더 낮다는 것이다.

예를 들면 이런 것이다. 동성애를 국민들에게 받아들이도록 하기 위해 지속해서 동성애 코드를 가진 흥미로운 드라마를 상영해 많은 사람이 동성애를 자연스러운 것으로 받아들이게 한다. 동성애자 연예인을 호감 있게 보이도록 포장해서 TV에 자주 출연시킨다. 동성애자를 유명 앵커, 쇼 진행자로 성공시켜 동성애자들이 지위가 높고 성공한 자들이라는 이미지를 갖게 한다. 국민들이 동성애를 사회적으로 용납받는 행위로 받아들이게 되면 동성 결혼을 합법화시키고 성소수자 인권법을 통과시켜 교회를 침묵시킨다.

글로벌리스트들이 기독교를 파괴하기 위해 전략적으로 문화, 교육, 언론, 정치, 입법에서 전방위적으로 치밀한 계략 아래 움직여왔다는 사실을 모르고 동성애 운동가, 과격한 페미니스트들만을 보고 얕잡아 봐 온 것이 교회에게 치명적인 독이 되었다.

한번 국민 대다수의 인식이 바뀌면 다시는 이전처럼 동성애를 문화적으로 금기시하는 것이 불가능해지는 지점, 불가역적인 변화가 일어나는 지점이 온다. 그 지점이 올 때까지 거북이처럼 천천히, 그러나 확실하게 밀어붙인다. 대중의 심리 조작을 통해서 대중이 자신들이 한때 원하지 않았던 것을 받아들이도록 하는 대중 심리 기법인데, 중요한 것은 대중이 자발적으로 동성애를 포용하게 되었다고 착각하게 만드는 것이다. 이들은 대중이 저항하면 멈췄다가 저항이 약해지면 다시 공격하는 방식으로 130년 동안 지구를 좌경화시켜 왔다.

2. 꾸준히 적그리스도의 세계로 변화시켜라

(텀블러 들고 스타벅스에 앉아서 애플 노트북을 펴는 좌파)

130년 전, 영국에서 수십 명이 모여 시작한 페이비언 사회주의는 지난 130년 동안 유럽과 미국, 한국을 포함한 아시아 국가들을 급격하게 변화시켰다. 20세기 초 중공과 구소련에서 일어난 유혈 폭동과 공산 독재를 보고 유럽과 미국인들은 공산주의를 거부했다.

국민의 경각심을 누그러뜨리기 위해 영국 사회주의자들은 전략을 짰다. 버나드 쇼는 페이비언 협회(Fabian Society)를 다른 영국 대중들이 꺼려하는 노동자 계급 공산 단체와 무정부주의 단체와 그 외 급진주의 단체(오늘날의 ACORN, OWS 및 공산주의자와 같은)와 달리, 중산층과 재벌 자녀도 포함된 고급스럽고 세련된 지식인들의 모임으로 만들었다.

그리고 사회주의 이론에 양의 옷을 입혀 사회의 지도층인 평범한 목회자들까지도 자신을 아무런 거리낌 없이 사회주의자라고 말할 수 있도록 만들었다. 로스차일드와 록펠러 등이 영국의 페이비언 사회주의 단체 설립을 지원했다.

그 결과, 미국에서도 기독교인들이 진보 좌파를 자처하게 되었다. 한국에서도 그런 일들이 일어나고 있다. 2016-2017년 탄핵과 대선에서 기독교 청년들까지 진보 좌파에 휩쓸린 이유는 그들이 진보 좌파를 미국과 유럽에서 성공한 세련된 서구 문화라고 인식한 이유 때문이다. 한국에서도 강남 좌파가 등장했는데 JTBC 사장 홍정도, 홍정욱, 유승민 등이 대표적인 인물이라고 할 수 있다. 좌파 586세대가 요즘에는 자신들이 진보 좌파라고 항변하는데 그들이 진보 좌파라면 김정은, 스탈린이나 푸틴도 진보 좌파일 것이다. 한국 부모들은 기독교 국가인 미국 대학에서 자신의 자녀들이 세계적인 인재로 자랄 것을 기대하며 미국으로 유학을 보냈다. 진보 좌파 교수들이 장악한 대학에서 공부하며 진보 좌파가 된 사람들은 돌아와 한국에서 진보 좌파 교수, 언론인, 정치인 등 리더가 되었다.

글로벌리스트에게 인간이란 통제에 대상일 뿐이다.
페이비언 사회주의자이며 유엔 헌장을 작성한 H. G. 웰스는 말했다. '국가는 국민에게 포르노그래피를 나눠주는 것을 통해 국민을 조정할 수 있다. 소아에게 성을 가르칠 수 있다면 국가는 국민을 통제할 수 있다. 페이비언 사회주의자들은 성적으로 타락한 국민은 쉽게 지배할 수 있다는 사실을 알고 있기에 소련과 중공의 공산주의와는 다르게 동성애를 옹호하고, 소아에게까지 성교육을 시키려는 것이다.' 글로벌리스트들은 세뇌가 쉽게 되는 어린이들을 국가에서 소유하기를 원한다.

『멋진 신세계』는 올더스 헉슬리(Aldous Leonard Huxley)가 1931년에 쓰고 1932년에 출판된 소설이다. 올더스 헉슬리는 페이비언 사회주의 운동의 지도자 중에 한 명이었다. 페이비언 사회주의자 올더스 헉슬리가 쓴 책 『멋진 신세계』는 단순한 소설도 미래에 대한 예측도 아니고 페이비언 사회주의자들이 점진적으로 불가역적으로 어떻게 세상을 변화시킬 것인가를 그린, 그들이 만들어 가고자 하는 이상주의적인 사회에 대한 청사진이다.

올더스 헉슬리는 조지 오웰과는 다르게 미래를 기술 관료에 의해 철저하게 통제되는 쾌락 중심적인 사회로 그리고 있다. 페이비언 사회주의자들이 만들어 가고자 하는 사회는 소설 멋진 신세계와 1984를 혼합시킨 형태가 될 것같다. 단, 경제가 실패하면 오로지 1984 현실판이 될 것인데 사회주의 경제는 실패해왔고 더 철저하게 통제될수록 더 철저하게 실패하기 마련이니 결국 북한식 통제 사회로 끝날 것이다. 『멋진 신세계』를 청소년용이 아닌 원본대로 읽어 보면 왜 전 미국 주택도시 개발부 장관 벤 카슨이 '페이비언 사회주의자들이 미국을 지난 백여 년 동안 은밀하게 변질시켜 왔다'라고 말했는지 이해할 수 있을 것이다.

페이비언 사회주의자 올더스 헉슬리의 『멋진 신세계』(1932년 출간) 내용
문명과 과학 기술이 발달된 신세계에서는 인간은 더 이상 남녀 결합으로 태어나지 않는다. 인간은 실험실에서 배양되어 인큐베이터 안에서 길러진다. 인류는 최고 등급 알파 더블 플러스부터 최하층인 입실론까지 다섯 등급으로 구별된다. 최고 등급은 가장 멋진 외모와 지능을 갖도록 맞춤형으로 제작된다. 고급 맞춤복처럼 양질의 유전자를 가진 이들은 멋진 신세계의 지배 계층이다. 하위층은 하나의 난자를 분열시켜 복제품으로 만든다. 값싼 기성품처럼 다량으로 생산된 하위층은 배아 성장 단계에서부터 영양과 빛, 산소 공급을 조절해 외모는 못생기고 지능은 단순 업무에 적합하도록 만들어진다.

1. 신은 없다. 세계에는 오직 물질만이 존재한다. 인간도 그저 물질일 뿐이다. (멋진 신세계가 출간되었던 1932년에는 유럽과 미국의 문화적 기

반은 유대-기독교적인 신본주의였다. 그러나 이제는 소설의 내용대로 물질주의, 세속주의가 대세를 이루고 있다. 이런 변화는 우연한 것이 아니라 글로벌리스트에 의한 것이다. 문화는 대중이 지배하지 않는다. 문화는 문화 사업 즉 할리우드의 대형 영화제작사, 배급사, 방송사를 소유한 글로벌리스트들이 지시하는 방향대로 움직인다. 미국에서 기독교가 강할 때는 기독교에 의해 문화 콘텐츠가 순화되지만 기독교가 약해지면 악한 의도를 가진 글로벌리스트에 의해 적그리스도적인 방향으로 나간다. 20세기 중반에 미국에서 제작된 '십계', '원더풀 랜드' 같은 기독교적인 명화는 요즘은 만들어지지 않는다.)

2. 최고 지도자 한 사람만이 인류의 역사를 알고 있으며 제한 없이 지식에 접근할 수 있다. (현재, 주류 언론사를 소유한 글로벌리스트만 모든 지식에 접근할 수 있다.)

3. 철저한 계급 사회이며, 모든 물질이 공유되는 사회주의 국가이다. (사회주의 국가는 기본적으로 봉건 영주 시대의 계급 사회이다. 계급 사회의 최상위에 있는 극소수 글로벌리스트들이 모든 것을 소유하고 향유하는 '갑'이다. 그 아래 소수 정치인과 고급 관료 계급이 있는데 그들은 '을'이다. 을은 갑의 명령과 지시를 이행한다. 계급 사회의 가장 밑바닥에 대다수 인류가 있다. 이들은 병이다. 을의 지시와 명령대로 따른다. 갑은 이들이 저항하지 못하도록 문화, 교육을 시켜 자신들에게 순종하는 인간으로 만든다. 세계화가 진전될수록 빈부 격차는 커져가고 젊은이들은 비싼 대출을 받아서 산 비싼 학자금을 갚으면서 빚더미 위에서 인생을 시작한다. 더 이상 열심히 일하면 잘살수 있다는 꿈을 가질 수 없다. 글로벌리

스트들과 그들의 지시대로 이행하는 정부가 강요한 최저 임금제 때문에 자영업을 성공시켜 인생을 역전시킬 수가 없다. 그렇지만 진보 좌파 교육과 언론의 세뇌로 진보 좌파 정부가 정의롭고 인간애를 가졌다고 믿고 그들을 지지한다. 미국, 유럽, 한국, 일본 등 많은 국가가 이렇게 변해가고 있다.)

4. 인간의 몸도 물질이기에 몸도 전체가 공유해야 한다. 몸을 자신이 원하는 이성하고만 공유(성관계를 갖는 것)하는 것은 비사회적인 행동으로 처벌받는다.(불과 이십여 년 전만 해도 혼전 순결이나 정절은 미덕이었다. 그러나 지금은 정통 기독교 신앙을 가진 사람들 외에는 순결이나 정절은 매우 불순하고 낡은 개념이 되었다. 1932년 간통죄는 강력하게 처벌받았지만 지금은 처벌받지 않는다. 다시 말하지만 이런 변화는 우연이 아니다.)

5. 아동의 성생활은 적극적으로 권장된다. (진보 좌파라는 포장 아래 유치원 단계에서부터 아동 때부터 활발한 성생활을 하도록 만들기 위한 성교육이 유럽, 미국, 영연방 국가에서 이뤄지고 있다. 한국도 유치원 3법 통과로 사립 유치원도 정부 통제 아래 들어가면서 성교육이 시작되었다.)

6. 계급 구성원은 계급에 맞는 사고방식을 갖도록 지능과 외모까지 유전자 단계에서 조작된다. (현재, 유전자 조작을 통한 슈퍼 솔저, 슈퍼 인간을 만들려고 각국은 경쟁하고 있다.)

7. 사고 체계 형성은 철저한 주입과 세뇌를 통해 이뤄진다. 신세계의 구

성원은 잠들기 전에 '나는 행복하다', '소비는 좋은 것이다' 등의 사회에 만족을 느끼는 메시지, 경제 지속을 위해 필요한 행동을 하도록 메시지를 끝없이 반복하여 들으면서 잠을 잔다. (현재, 현대인은 자극적인 드라마, 뉴스, 소비를 촉진시키는 광고 메시지를 듣고 보면서 살고 있다.)

8. 모든 것이 프로그램화 되어서 갈등도 부족도 성취도 고뇌도 없다. 인간 사이에 친밀감도 없다. 행복은 약을 통해 얻는다. (현재, 해체된 가정에서 성장한 후 성취에 대한 꿈마저 포기해야 하는 불안한 청춘들은 마약과 프로작 같은 우울증 치료제와 문화가 주는 끊임없는 성적 자극을 받으며 성의 포로가 되어 살고 있다.)

10. 신세계에서 역사는 철저하게 조작된다. 신세계 외의 인류에 대한 흔적(책, 영화와 같은 기록)은 신세계의 최고 지도자 1인만 갖고 있다. (현재, 전통적 역사관을 부정하고 모든 것을 계급 투쟁의 관점에서 보는 역사관이 지배적이다. 예, 이승만 대통령을 계급 투쟁론적으로 평가한다.)

결론

신세계 구성원의 일생은 그야말로 요람에서부터 무덤까지 계급에 따라 기획되고 통제된다. 마치 빛의 밝기와 물의 양, 온도, 산소량, 먹이량 등이 잘 맞춰진 어항 속의 물고기처럼 어떤 풍파도 경험하지 않고 안정되고 평화로운 삶을 산다. 약을 통해 행복감을 느끼며 세뇌된 메시지를 따라 행동한다. 어항 외에 바다나 강이 있다는 생각은 한 번도 하지 못하도록 철저하게 정보가 통제된다. 신세계의 구성원이 누리는 이 모든 안정과 행복은 자유 의지를 포기한 대가이다. 글로벌리스트의 130년 동안의 지속적인 공작으로 멋진 신세계가 많은 부분 현실이 되었으며 세계 경제 포럼이 제시한 어젠다 2030과 멋진 신세계는 놀랍도록 닮았다.

3. 페이비언(진보 좌파) 사회주의는 기독교를 어떻게 생각할까?

공산주의, 사회주의와 진보좌파는 모두 개인의 자유보다 집단의 유익이 중요하다고 한다. 그래서 이들 모두 집체주의라고 부를 수 있다.

페이비언 사회주의자인 H. G. 웰스는 사회에 경각심을 불러일으키거나 심각한 반대를 일으키지 않고 사회주의(집체주의)를 자유 민주주의, 시장 경제 국가에 침투시키는 가이드 역할을 하는 『오픈 컨스피러시』라는 책을 썼다. 이 책에서 H. G. 웰스는 페이비언식 국가 전복 계획을 세부적으로 설명했다.

세계의 오래된 종교들은 사회주의(집체주의)라는 새로운 종교를 위해 길을 내어주어야 한다. 사회주의 국가의 종교는 국가여야 하며 자신과 같은 엘리트가 국가를 통치하고 국가는 모든 인간의 행동을 관장해야 한다.

H. G. 웰스는 집체주의가 새로운 아편이 되어야 한다고 말했다. 이 땅에 천국을 건설하는 비전이 아편이 되어야 한다고 했다. 개인은 사회의 긴 연속성에 비하면 아무것도 아니며 종교 대신 사회주의 건설을 통해서 영원으로 연결될 수 있다는 믿음을 대중이 갖게 되어야 한다고 말했다.

소련식 공산주의나 북한식 공산주의가 당과 혁명을, 당과 수령을 위해 모든 것을 희생하라고 국민에게 요구하는 것과 같다.

기독교인들이 진보좌파와 사회주의자가 될 수 있는가?

페이비언식 사회주의, 진보주의의 핵심은 정부가 국민을 요람에서부터 무덤까지 생계, 교육, 의료를 책임지는 대신 개인은 철저하게 국가에 복종해야 한다는 것이다. 또한 모든 것은 공유된다. 인간은 물질에 불과하므로 몸도 공유되어야 한다. 정절이나 순결은 진보 좌파에게는 죄악 된 단어이다. 진보 좌파가 정절이나 순결보다 더 증오하는 것이 있다면 일부일처제 안에서 친부모가 자녀를 양육하고 교육하는 권리 주장을 하는 것이다.

자녀는 국가(글로벌리스트)의 재산이며 국가(글로벌리스트)가 양육하고 세뇌를 통해 국가(글로벌리스트)에게만 귀속되도록 만들어야 한다. 글로벌리스트가 정해준 것만 보고 듣고 생각하며 성장하도록 어렸을 때부터 철저하게 관리된다. 유소년기부터 성교를 하도록 교육받는다. 일부일처제를 주장하지 못하도록 성적으로 문란하게 만든다. 이들은 인간을 가정이나 친구, 종교 공동체가 없이 오로지 국가만을 의지하는 모래알 같은 존재로 만들어 자신들에게 저항하지 못하게 만들기를 원한다.

이렇듯 집체주의자들(사회주의자, 공산주의자)은 종교를 경쟁상대로 본다.

글로벌리스트는 사람들의 모든 행동을 통제하길 원한다. 그래서 이들의 지배하에서 대중의 자유와 선택의 폭은 매우 좁아질 것이다. 모든 사람들은 고유 번호가 매겨져서 탄생부터 교육, 직업, 사회 활동, 건강 및 의료 수요, 세금 기여, 군 복무, 은퇴, 사망, 혜택 등 모든 부분에 걸쳐 통제될 것이다.

글로벌리스트는 궁극적으로 자신들이 신으로 군림하길 바란다. 글로벌리스트는 모든 사람들로 하여금 종교를 버리도록 만들 수는 없다는 사실을 알고 있다. 그래서 그들은 현재 프리메이슨에 극좌파인 프란치스코 교황을 통해 혼합된 국가 종교를 만들려고 하고 있다. 이 새로운 종교는 가톨릭, 개신교, 모슬렘, 진보 좌파 이념, 자연 숭배 등을 혼합시킨 형태가 될 것이다. 이 모든 이유에 비추어 보건대 기독교인은 결단코 진보 좌파가 될 수 없다.

4. 공산주의와 페이비언 진보 좌파는 어둠의 형제이다.

공산주의자와 페이비언주의자는 방법에서는 다를지 몰라도 목표에서는 거의 같으며 다가오는 신세계 질서에서 누가 더 높은 자리에 오를 것인지를 두고 경쟁하고 있다. 이들은 지역적인 패권을 장악하기 위해 전쟁을 할 수도 있다. 그러나 공산주의자들과 사회주의자들, 혹은 페이비언 사회주의자들은 전 세계에 사회주의 건설이라는 목표는 동일하게 공유하고 있다. 그런 점에서 이들은 어둠의 형제들이라고 부를 수 있다. 오늘날 지구 상에서 벌어지고 있는 전쟁들은 이 두 세력 사이에 패권 전쟁일 때가 많다.

5. 4차 산업으로 빨라지는 엔드 타임 시계

글로벌리스트는 페이비언 사회주의의 전략인 '점진적이고 불가역적인 사회 변화' 방식을 오랫동안 채택해왔다. 그러나 그들은 이제 더 이상 점진적인 방법을 사용하지 않을 것이다.

과거에 인류는 세 가지 산업 혁명을 경험했다. 첫 번째 산업 혁명은 물과 증기를 사용하여 대규모 제조 산업을 가능케 하여 세계 무역을 확대했다. 두 번째 산업 혁명은 전화, 철도 및 전신 시스템의 확장을 통하여 무역과 상업을 더 쉽게 만들었다. 세 번째 산업 혁명인 '디지털 혁명'은 기술 사용을 통해 지식을 전달하고 수집하고 배포하는 방식을 바꾸었다. 각 혁명의 시기마다 새로운 기술로 인해 생산이 급격하게 증가했다.

인류는 이제 제4차 혁명을 경험하고 있다. 인공 지능과 빅 데이터의 결합으로 모든 것이 급속도로 변하고 있기 때문이다.

소설 '멋진 신세계'와 '1984'에서처럼 페이비언 사회주의자들은(글로벌리스트의 하부조직이기도하다) 1930-40년대에 이미 이제 인류가 살아가게 될 소수의 엘리트와 기술 관료에 의해 통제되는 과학과 기술 만능주의 세상을 꿈꾸었다.

그들은 100년 전에 꿈꿨던 세상을 이제는 현실로 만들 수 있는 수준의 기술과 과학 발전을 손에 쥐게 되었다. 즉 인간을 연구소에서 만들어내고, 국가가 전 세계의 어린이를 성적인 존재로 만든 교육을 강제하고, 할리우드와 미국드라마, 연예계를 통제해 인류가 음란을 정상으로 인식하게 만들었다. 이제는 한걸음 더 나가 동성애를 바람직한 풍조로 인식하게 만드는 중이다. 또한 코로나 19를 통해 백신 강제 접종, 백신 카드, 생체 칩 삽입 시대로 들어가고 있다.

2016년 구글 딥마인드 데미스 하사비스 최고경영자(CEO)는 알파고가 이세돌 9단과의 바둑 대결에서 승리하자 "이겼다! 우리는 달에 착륙했다"라고 말했다. 전문가들은 이세돌이 이길 것으로 예측했지만 1:4로 알파고가 이세돌 9단을 이겼다. 공상 과학 영화에서나 가능하다고 생각했던 최고의 인간 지성을 이기는 로봇이 나타난 것이다. 2020년에는 인공 지능 소피아가 UN에서 발언을 했다. '소피아'는 핸슨 로보틱스(Hanson Robotics)가 지난 2016년 개발한 휴머노이드 로봇으로 영화배우 오드리 헵번을 닮았다.

월가에서는 '켄쇼'라는 로봇이 598명의 세계 최고 전문가들이 하던 트레이딩 업무를 하고 있고, 신문사에서는 로봇이 기사를 쓰고 있으며, 수술도 로봇이 하고 있다. 이제는 변호도 로봇이 더 잘한다고 한다. 그리고 앞으로는 변호사도 로봇이 할 것이라고 한다. 알파고가 이세돌을 이겼듯이 인공 지능이 인간보다 훨씬 치밀하게 법리 논쟁을 펼쳐 인간을 변호사로 고용한 상대방에게 승소할 수 있게 된다면 인간 변호사가 설 자리가 없어질 것이다.

중공의 도시에서는 누구의 얼굴인지 3초 안에 구별해낼 수 있는 안면 인식 시스템이 사용되고 있다. 인간의 장기가 3D 프린터로 만들어질 것이고, 인간의 유전자도 조작될 것이고, 인간의 신체 일부도 기계로 대체되어 인간 자체가 변하게 될 것이라고 한다. 기독교인이 두려워하는 짐승의 표는 제4차 산업에서는 기본적인 전제이고 그것을 넘어 인간 자체에 대한 정의가 변하게 될 것이라는 것이다.

특히 인간의 유전자를 조작해 슈퍼 솔저를 만들려는 노력은 상당히 진전되었다고 알려져 있다. 세계 각국이 은밀하게 인간의 유전자를 변형시켜 오랫동안 잠을 자지 않아도 지치지 않고 강하고 빠른 강력한 슈퍼 솔저를 만들어내려고 한다는 것이다. 인간에게 짐승의 유전자를 합성시켜 그런 형질을 만들어 내려고 하는 중이라는데 어느 만큼 발전했는지는 국가 비밀이라 일반인은 알 수가 없다.

인공 지능 기술, 곧 인류의 총체적 지성보다 더 뛰어난 인공 지능이 2030년경에는 만들어 질것이고 그들이 잘 교육을 받은 사람들만이 가질 수 있었던 '사'자가 붙은 고임금 직업을 대부분은 대체하기 시작할 것이라고 한다. 이런 소식 앞에서 인류는 마치 거미줄에 걸린 작은 벌레처럼 언제 자신의 직업이 사라질지 모르는 현실 앞에서 발버둥마저 치지 못하고 압도당하고 있다.

스마트 폰 근처에서 누군가와 피자에 대한 대화를 나누면 스마트 폰에 피자 광고가 뜬다는 사실은 잘 알려져 있다. 스마트 폰이 이미 우리의 대화를 데이터로 만들어 광고 회사에 판매하고 있는 것이다. 또한 스마트 폰은 우리의 모든 행로를 데이터로 전송하고 있다. 빅 테크는 우리가 검색하거나 구매해 본 책 내용, 컴퓨터에 기록된 내용, 댓글을 통해서 우리의 생각을 추적할 수 있다.

글로벌리스트들은 전 세계의 주류 언론, 소셜 미디어 기업을 전부 통제하고 있다. 유튜브에 올려진 동영상 안에 글로벌리스트에 대한 비판적인 내용이 있으면 경고와 함께 삭제해버린다. 코로나 19 백신의 문제점을 지적하거나 2020년 미 대선이 불공정했다는 내용을 담고 있어도 곧 경고를 받고 삭제된다. 세 번 경고받으면 영원히 유튜브에서 활동할 수 없다.

앞으로는 인간 신체에 칩을 심어 생체 내의 호르몬 변화, 심박수, 체온, 두뇌 활동 변화 등을 전부 데이터화해서 인간의 내면까지 열어서 볼 것이다. 이렇게 글로벌리스트가 인간의 내면까지 통제할 수 있는 시대로 들어가고 있는 것이다.

그들은 앞으로 교육의 내용. 영화, 대중가요 가사, TV와 라디오 뉴스, 드라마, 신문 기사 등 인간이 보고 듣는 모든 콘텐츠를 정교하게 통제하면서 전 인류의 가치관과 사상, 종교관을 더욱 더 빠르게 변화시켜 갈 것이다.

과학과 기술의 발전은 분명 인간에게 많은 유익을 가져다 줄 것이지만 지금 세계를 움직이는 소수의 글로벌리스트들이 원하는 적그리스도의 단일 정부를 완성시켜 가는 데에도 가장 유용한 도구로 쓰임 받게 될 것이다, 과학과 기술의 발전 속도만큼 빠르게 적그리스도의 왕국도 완성되어 갈 것이다. 계시록이 현실이 된 세상에서 환란 중에 부르짖는 성도의 기도는 악한 자들을 심판하는 응답으로 임할 것이다.

4

코로나 19는
시작일 뿐
경제 몰락이
오고 있다

... **4부**

그레이트 리셋
– 신세계 질서

4부
그레이트 리셋 - 신세계 질서

행복한 무소유의 강제? - 당신은 아무것도 갖지 못한다.

글로벌리스트는 도널드 트럼프 45대 미 대통령을 강제 퇴임시키며 자신들이 미국의 모든 언론과 소셜 미디어, 거대 기업과 민주·공화 정치인들을 모두 통제하는 가공할 권력을 갖고 있다는 사실을 입증했다.

1. 그레이트 리셋을 누가 이끄는가?

표면적으로는 다보스 포럼의 클라우스 슈밥이 글로벌 리셋을 이끌고 있고 영연방을 이끄는 찰스 황태자, IMF, 유엔의 수장, 미국의 조 바이든 대통령과 버니 샌더스, 프랑스의 마크롱 대통령 등 수많은 글로벌리스트가 이에 동조하고 있다. 이들은 100년 만에 한 번 올까 말까 한 (그들에게) 절호의 기회인 팬데믹(코로나 19) 상황을 이용하여, 그레이트 리셋을 해야 한다고 주장하고 언론과 소셜 미디어는 기후 변화의 선전 기관으로 활동한다.[39] 글로벌리스트 세력이 대부분의 언론을 소유하고 있으니 이는 당

---

39 Schwab. K.(2020년 7월 3일). *Now is the time for a 'great reset'*. Davos:World Economic Forum. https://www.weforum.org/agenda/2020/06/now-is-the-time-for-a-great-reset/?fbclid=IwAR1NCc04luRaKEsJWnEWvgsHzWIqxlBh3XK1-LFq_1NEsAWi4PqkqitFiuo

연하다. 유엔, IMF, 유니세프, 미 중앙 은행 (Fed, 연준; FRB)과 수많은 국제 금융, 세계 최대 투자 운용 회사인 블랙 록, 유튜브, 구글, 아마존과 같은 막강한 IT 기업이 또한 동의하고 있다.

참여하는 기업들

아마존, 구글, 마이크로소프트 같은 빅 테크에 세계 최대 자산 운용 회사 블랙 록, 록펠러의 블랙 스톤, 세계 최대 자선 단체 빌 앤 멜린다 재단, 보잉, 뱅크 오브 아메리카, 중국 건설 은행, 화웨이, 더치 은행, 골드만삭스, 카타르 은행, LG chem, 미쓰비시, 나스닥, 레슬레, 노키아, 줌, 한국의 GS 그룹, 한화, 현대 모터 등 약 1,000여 개 글로벌 기업이 리셋에 협력하고 있다.

그렇다면 이들이 2030년까지 완성하겠다는 그레이트 리셋은 무엇일까? 그레이트 리셋은 빌드 백 베러(Build Back Better), 뉴그린 딜(New Green Deal), 어젠다 2030(Agenda 2030) 등 좌파가 단일 정부 수립을 위해 기획해 온 모든 어젠다(의제)의 종합 세트라고 보면 된다.

사진 24. 클라우스 슈밥(Klaus Schwab); 세계 경제 포럼(다보스 포럼) 대표
사진 출처: https://flickr.com/people/15237218@N00

미국에서 중국까지 모든 나라가 참여해야 한다

슈밥은 "미국부터 중국까지 모든 나라가 참여해야 하고 석유와 가스에서 기술까지 모든 산업이 변화해야 한다."라며 참여를 거부하는 자들에게는 어떤 일이 일어날지 설명하지 않았다. 그는 각국의 정부에게 '더 강력하고 더 효과적인' 정부가 될 것을 요구했다. (저자 주: 백신 강제 접종, 봉쇄, 대량 통화 발행 등, 더 강한 사회주의 독재로 나가라는 독촉과 같다.) 경제 및 사회 시스템을 위한 완전히 새로운 기반을 구축해야 한다. 그리고, 그 외 다른 사람들은 굴복하는 것 외에 다른 선택의 여지가 없다고 선언했다.[40]

그레이트 리셋이 발표되자 곧바로 잔혹한 공산주의 지도자들을 포함하여 전 세계의 대기업, 글로벌리스트 거물들, 큰 정부를 원하는 국가 정상들이 기꺼이 합류했다.

---

40 Newman. A. (2020년 12월 28일). *The Great Reset: Deep State Globalists Taking Over the World and You!*. Appleton:New American. 2021년 3월 10일에 검색함. https://thenewamerican.com/the-great-reset-deep-state-globalists-taking-over-the-world-and-you/

2. 이해관계자 자본주의와 공산주의

이미 록펠러는 기업에 세금 감면, 정부 계약의 혜택을 주면서 기업이 글로벌리스트의 정책에 동참하는 새로운 세력이 되도록 계획해왔다. 글로벌리스트는 최근에, 이런 전략을 모호하고 애매한 수사용어인 '이해관계자 자본주의'라는 말로 포장하고 있다.

클라우스 슈밥에 동참하는 기업들의 목표는 고객의 요구와 욕구를 가장 잘 충족시켜 주주를 위해 이익을 생산하는 것이 아니라, 글로벌리스트가 결정한 새로운 목표를 실행하는 것이 될 것이다. 한마디로 이제는 고객이 아니라 정부와 연합해 독점적인 정부 계약 등을 줄 수 있는 글로벌리스트를 위해 봉사하라는 것이다.

2014년, 로스차일드 은행 왕조와 록펠러 재단은 런던에서 '포용적 자본주의'에 관한 정상 회담을 열었다. 찰스 왕세자를 비롯해 크리스틴 라가르드 당시 IMF 총재, 빌 클린턴 전 미국 대통령, 마크 카니 영국 은행장, 래리 서머스 전 미국 재무 장관, 최고 경영자(CEO), 연금 기금 사장 등이 참가했는데 참석자들이 전 세계 부의 약 3분의 1을 차지한 것으로 알려졌다. 이 정상 회담의 최우선 의제는 기업이 주주의 이익을 제쳐두고 '지속 가능한 개발'이라는 엄격한 유엔 비전과 일치하게 기업을 경영해야 한다는 것이었다. 지속 가능한 개발은 경제 성장을 제로로 만드는 것으로 정부가 이런 정책을 채택하면 결국 기업도 성장할 수 없어서 주주의 이익과 일치하지 않는다.

유엔 공산주의와 글로벌리스트의 신세계 질서

유엔은 글로벌리스트의 계획에서 중요한 역할을 할 것이다. 실제로, 유엔 협정의 주요 의제가 새로운 세계 질서의 기초가 되고 있다. '지속 가능한 개발 목표'로 알려진 유엔 어젠다 2030에서 지구 상의 모든 국가 정부와 독재 정권은 자신들의 목표와 '그레이트 리셋'이 추진하는 목표가 아주 유사하다는 데 동의했다. 예를 들어, 유엔의 지속 가능한 개발 목표 10에서 유엔과 유엔 회원국은 "국가 내 및 국가 간의 불평등을 줄이겠다."라고 제안하고 있다.

공산당들이 지주의 땅을 나눠주겠다며 소작농을 공산혁명으로 끌어들인 것처럼 유엔과 글로벌리스트는 공산주의, 사회주의 국가들, 그리고 아프리카에 있는 가난한 국가들에게 서구와 아시아의 부자 나라들의 부를 나눠주겠다는 달콤한 제안을 하며 이들의 지지를 이끌어내고 있다. 아프리카와 세계의 가난한 국가의 독재자들은 자신들의 주머니를 채우려고 기꺼이 이 대열에 동참하고 있다. 이렇게 글로벌리스트는 유엔을 신세계 질서를 위한 가장 강력한 도구로 사용하고 있다.

유엔과 IMF, 세계 경제 포럼의 적그리스도적인 연합
자본주의 경제를 강제로 사회주의로 바꾸는 것이 그레이트 리셋-신세계 질서

대량 학살을 벌이는 중국 공산당의 일원을 포함한 공산당 지도자들은 이제 이런 계획을 추진하려고 자본주의 거물들 그리고 대기업 CEO들과 공개적으로 힘을 합치고 있다. 안토니우 마누엘 드 올리베이라 구테흐스(António Manuel de Oliveira Guterres) 유엔 사무총장은 사회주의와 마르

크스주의 정당의 국제 사회주의 동맹의 전[前] 총재였다. 그는 자랑스럽게 세계 경제 포럼의 '그레이트 리셋' 의제에 대한 UN의 지원을 약속했다.

IMF는 또한 핵심적인 역할을 한다. 크리스탈리나 이바노바 게오르기에바(Кристалина Иванова Георгиева) IMF 총재는 '매우 거대한 재정 부양책'이 세계 경제에 '투입'되고 있다고 자랑했다. 인류로부터 약탈한 엄청난 양의 현금을 사용해 자본주의 경제를 강제로 사회주의로 바꾸는 것을 IMF는 그레이트 리셋이라고 한다.

공산주의 독재자들과 세계 경제 포럼(WEF) 연합

어젠다 2030을 개발하는 데 중공 정권 인사가 참여하는 등 '중요한 역할'을 했다. 인류 역사상 사람을 가장 많이 죽이고 기독교를 잔인하게 탄압한 중공 독재 정부는 세계 경제 포럼 내에서 점점 더 큰 비중으로 많은 역할을 하고 있다.

유엔, 공산주의, 그리고 세계주의 지도자들은 모두 '녹색 경제'라는 용어를 세계 통치의 전체주의-기술주의적 시스템과 거의 상호 교환적으로 사용하기 시작했다.

이 계획에 참여한 다른 '이해 관계자'로는, 현금 없는 사회로 나아가려고 현금을 없애기 위한 딥 스테이트의 노력에 자금을 지원하는 마스터카드의 CEO가 있다. 최근 이식형 암호 화폐 기술에 대한 특허 WO2020-060606을 제출한 마이크로 소프트 사장 빌 게이츠 또한 핵심 인물이다.

3. 코로나 19는 명분, 신세계 질서가 목적

　팬데믹(코로나 19)으로 인류는 신체적, 심리적, 경제적으로 고통받고 있다. 이런 상황이라면 유엔, IMF, 다보스 포럼, 미국과 프랑스 대통령 등 세계의 지도자들은 당연히 팬데믹(코로나 19)과 그에 따른 경제 위기를 빠르게 극복하고자 총력을 다 해야 할 것이다. 그러나 불행하게도 세계 많은 국가의 정부는 국민의 고통 따위에는 관심이 전혀 없고, 악랄하게도 팬데믹(코로나 19)을 그저 정치적 목적으로 사용하며 국민의 기본권을 탄압하고 정권의 연장에 이용할 뿐이다. 한국만 해도 좌파 정권의 무능과 독재적 행태, 교회에 대한 탄압에 대하여 집회를 통해 목소리를 내며 항의하고 싶어도, '전염병 확산 예방을 위한 집회 금지법'으로 누르고 있어 대중이 힘을 모으고 싶어도 도저히 힘을 모을 방법이 없다.

　한국 정부가 팬데믹(코로나 19)을 극복하겠다고 내리는 많은 조치가 실상은 팬데믹(코로나 19)이나 경제 위기 극복과는 아무 상관이 없다. 글로벌리스트가 말하는 그레이트 리셋은, 코로나 19 치료나 백신과는 아무런 관계가 없다. 물론 경제 위기의 빠른 극복과도 관계가 없다. 글로벌리스트는 한국의 좌파 정부처럼 팬데믹(코로나 19)이라는 (자신들이 만들어낸) 기회를 이용하여 기후 변화 문제를 해결해야 한다고 말하며 저들의 뜻대로 대중을 조정하고 있다.

　지난 1년간 미국인의 사망자 숫자는 증가하지 않았다-존스 홉킨스 선임 연구원(프로그램 부국장)

또한 2020년 11월 11일, 미국의 저명한 의대 존스 홉킨스 대학[Johns Hopkins University (JHU)]의 응용 경제학 석사 학위 프로그램의 '부국장'인 제너비브 브리앙 박사(Dr. Genevieve Briand)는 미국 질병 통제 예방 센터(CDC)에서 모은 데이터에 근거하여 강연을 했다. 그는 이 강연에서 지난 1년간, 즉 코로나 19 팬데믹 기간 동안, 미국인의 사망자 숫자는 증가하지 않았다고 밝혔는데 이는 기존의 언론이나 정부의 발표와는 사뭇 다른 내용이었다. 이 강의는 JHU(Johns Hopkins University) 의 논문 자료를 기반으로 한 것이었다. (그러나 며칠 뒤 편집자가 잘못된 정보로 이끈다며 삭제했다). 라이프 사이트(LifeSite)에서는 이는 검열 때문일 것이라고 지적했다. 사실, WHO가 발표하는 데이터와 다른 자료는 설사 존스 홉킨스 같은 명망 있는 기관으로부터 나온 것이라도 검열, 삭제되고 있다.

브리앙 교수는 11월 11일 "코로나 19 Deaths : A Look at U.S. Data"라는 제목의 논문을 선보였는데, 각 연령대의 총 사망과 사망 원인을 조사했다.

'전문가들은 코로나 19가 주로 노인에게 영향을 미치기 때문에 노년층의 사망률이 증가할 것'으로 예상했으나, 그가 제출한 자료에 따르면 전문가들의 예상과는 다른 결과가 도출되었다. 그의 주장에 따르면, 코로나 19 사태 이후 2월 1일에서 9월 5일, 즉 해당 32주 사이에 미국의 총 사망자 수는 170만 명으로 이 중 20만 명이 코로나 19와 관련이 있었으며 노인들의 사망률은 놀랍게도, 코로나 19 이전과 이후에 그대로 유지되었다. 다시 말해, 노인층조차도 코로나 19를 원인으로 하여 사망자가 더는 발생하지는 않았다는 사실이다! 더군다나 사망자들은 이미 다른 기저 질환을 앓고 있었던 사람들로 그들의 사망은 코로나 19로 인한 사망이라기보다는, 오히

려 기존의 질환에 의한 사망으로 보는 편이 훨씬 더 타당하다고 하겠다.[41, 42, 43]

팬데믹(코로나 19)을 해결하지 말고 더욱 악화시켜 이용하자는 글로벌리스트

글로벌리스트와 그들이 지배하는 언론은 이런 진실을 외면한 채 오히려 팬데믹(코로나 19)을 내세워 강성 독재를 하면서 경제를 파탄시킨 후 환경 보호를 위해 인류의 모든 것을 강제적으로 변화시키는 그레이트 리셋(위대한 재설정)을 해야 한다고 주장하고 있다. 글로벌리스트는 대중에게 코로나 19 확산을 방지라는 명분으로 마스크 착용, 거리 두기, 재택, 봉쇄만을 강요할 수 있었다. 그러나 기후변화 방지라는 명분으로는 우리가 거주하는 지역, 이동 수단, 먹는 음식, 쇼핑 방식 등 그야말로 인간의 모든 활동을 감시하고 점수를 매기고 강제할 수 있다는 사실을 이 책을 통해 차츰 알게 될 것이다.

---

41 Gu. Y. (2020년 11월 27일). *A closer look at U.S. deaths due to COVID-19*. The Johns Hopkins News-Letter. 2021년 3월 15일에 검색함. https://www.jhunewsletter.com/article/2020/11/a-closer-look-at-u-s-deaths-due-to-covid-19

42 Mann. S. (2020년 11월 27일). *Johns Hopkins published then deleted an article questioning the U.S. coronavirus death rate*. Just the News. 2021년 3월 15일에 검색함. https://justthenews.com/politics-policy/coronavirus/johns-hopkins-published-then-deleted-study-questioning-us-coronavirus

43 Yecla, L.N.(2020년12월1일). *John Hopkins University Academic: COVID Hasn't Increased US Death Rate, As Per CDC. Christianity Daily*. 2021년 3월 15일에 검색함. http://www.christianitydaily.com/articles/10209/20201201/john-hopkins-university-academic-covid-hasn-t-increased-us-death-rate-as-per-cdc.htm#google_vignette

위대한 재설정(The Great Reset)의 다른 이름들

유엔이 추진해 온 지속 가능한 발전(Sustainable development), 뉴 그린 딜(New Green Deal)이나 WEF가 추진하는 뉴 노멀(New Normal), 위대한 재설정(The Great Reset), 조 바이든의 대선 선거 캠페인 전략 더 낫게 재건하자(Build Back Better)는 이름만 다를 뿐 구체적 내용은 모두 단일 세계 정부(One World Government)를 완성시키기 위해, 전 세계 인구를 통제하는 감시 시스템 완성, 디지털 화폐 도입, 개인 소유권 폐지, 성경 기반 기독교 제거 등을 목표로 하고 있다.

5

코로나 19는
시작일 뿐
경제 몰락이
오고 있다

... 5부

대공황의 퍼펙트 스톰이 오고 있다
(준비하지 않으면 함께 몰락한다)

5부

대공황의 퍼펙트 스톰이 오고 있다
(준비하지 않으면 함께 몰락한다)

1. 팬데믹(Pandemic, 범유행) 후에는 늘 기근이 따랐다

성경에서 하나님께서 심판하실 때 처음에는 팬데믹을 보내시고 하나님의 백성이 돌이키지 않으면 그 다음에는 기근을 보내셨다. 그래도 백성들이 하나님 앞에서 겸비하여 주님의 얼굴을 구하지 않고 악한 길에서 돌이키지 않으면 마지막으로 전쟁을 보내셨다.

페스트 등 고대에서 현대까지 서구와 전 세계에 퍼진 팬데믹은 모두 중국에서 기원했다. 로마도 예외는 아니었다. 세계를 정복해서 건설된 로마 또한 두세 번의 팬데믹을 통해 국력이 약화된 사실은 이미 알려져 있다.

안토니우스의 팬데믹으로도 불리는 서기 166년에 발생한 팬데믹(십중

팔구 천연두)으로 로마 인구의 1/3이 감소하는 등 세 차례의 큰 팬데믹은 로마를 약체로 만들었다. 800년 동안 침략당한 적이 없던 로마는 팬데믹으로 약화된 틈을 타서 침공한 반달족과 고트족에 의해 함락되었고, 로마인은 영원한 도시라고 믿었던 로마의 몰락을 보고 크게 애통해했다. 로마 제국을 인류 역사상 최고의 제국이라고 평가한 초대 교부 제롬은 로마의 몰락을 보고 큰 충격을 받았다. 그는 곧 엔드 타임(End Time, 종말)이 올 것이라 믿고 세상을 등지고 광야로 떠났다고 한다.

찬란한 기독교 제국 비잔틴을 무너뜨린 것도 유럽 인구의 1/3을 죽음으로 이끈 팬데믹(흑사병)과 전쟁 그리고 기근이었다. 비잔틴 제국이 오스만 투르크 족에게 정복당했을 때도 많은 기독교인은 엔드 타임이라고 생각했을 것이다. 19세기 말과 20세기 초에는 스페인 독감이 유행했으며 영국은 전염병 확산을 통해 장기 경기 침체를 겪는 과정에서 국력이 약해져 결국 미국에 추월당하게 되었다. 그 결과 해가 지지 않는 나라 대영제국이라는 세계 슈퍼 파워의 지위를 미국에 내주게 되었다. 2030년 경이면 중국이 미국보다 부강해질 것이라는 많은 경제학자의 예측은 갑작스러운 팬데믹(코로나 19)으로 시계가 앞당겨졌다. 코로나 19 팬데믹으로 인해 이제 중국이 미국을 앞지를 것이라고 한 시기는 2026년으로 앞당겨졌다고 한다.

이처럼 팬데믹은 제국의 몰락이나 위상의 추락을 가져올 만큼 엄청난 사회·경제적 파급력을 가진다. 팬데믹이 오면 이어서 장기 경기 침체와 기근이 따르는 것도 일반적인 현상이다. 역사적으로 국가는 팬데믹 기간 동안에 보건을 목적으로 국민의 자유를 제한하고 지역을 봉쇄하고 경제 활동을 마비시킬 수 있었다. 전시 상황이 아니라면 받아들이지 않았을 공권력의 무한 행사를 팬데믹 기간 동안에 사람들은 받아들였다. 글로벌리스트는 전염병이 사회에 미치는 이런 영향력을 잘 이해하고 코로나 19를 이용하기로 결정했을 것이라고 필자는 믿는다.

2. 2008년도 미국발 금융위기를 정확하게 예측했던 마이클 버리 : 나는 경고했다

2008년 월가에서 시작한 금융위기를 정확하게 예측했던 마이클 버리가 미국에 인플레이션이 올 것을 경고했다. 한국의 다수 신문이 마이클 버리의 경고를 기사로 싣고 있지만 그가 왜 그런 경고를 하는지 그 배경은 다루지 않고 있다.

마이클 버리는 미국 주택 시장이 사상 초유의 호황을 누리며 집 값이 날로 올라가고 있는 2005년 그 호황이 실상 고위험 대출로 부풀려진 자산 버블임을 인지하고 부동산 시장 붕괴에 베팅했다. 워낙 부동산이 호황인지라 모두 그에게 미쳤다고 했지만 인지가 부조화를 이룬 사람은 버리가 아니라 그를 미쳤다고 한 세상이었다.

2008년 그가 예고한 대로 부동산 버블이 터졌다. 2008년 9월 15일 세계 최대 투자 은행인 리먼 브라더스, 세계 최대 보험 회사 AIG가 파산했다. 리먼 채권에 투자한 투자자들은 전 재산을 잃어버렸다. 주식과 부동산 가치가 하락하니 자산을 가지고 있던 사람들의 순자산도 단번에 폭락했다. 전 세계 3천만 명이 하루아침에 실직했고, 5천만 명은 극빈자가 되었다. 미국과 유럽의 실업률이 10%로 올랐다. 한국은 이들 국가에 비해 상대적으로 피해가 크지는 않았다. 그러나 한국도 강원도에 사는 할머니가 은행 직원의 권유대로 투자를 했다가 전 재산을 잃어버리는 등 많은 사람들이 피해를 입기도 했다.

미국 부동산 버블에 대해 잘 이해해야 앞으로 일어날 일을 예측할 수 있기에 조금 자세하게 설명을 하겠다. 2000년 닷컴 버블이 꺼지고 경제가 침체하자, 정부가 부동산 호황을 만들어내기 위해 최근 한국처럼 금리를 내리고 돈을 풀었다. 부시 대통령은 모든 미국인이 집을 가질 수 있어야 한다며 바람을 넣었다.

은행은 주택 우대 대출을 해주었다. 부동산 경기가 호황이 되자 은행은 부동산 가격은 늘 상승한다는 확신 속에 저신용자에게도 '묻지마'식 주택 담보 대출을 해주었다. 마이클 버리의 실화를 영화로 만든 '빅 쇼트'에는 자신이 기르는 개 이름으로 집을 산 사람, 일정한 급료를 받지 못하는 나이트클럽 스트리퍼 가수 채의 집을 담보 대출로 구매한 사례도 나올 정도였다.

부동산 가격은 날마다 오르고 신용도에 상관없이 집을 살 수 있으니 누구나 집을 샀고 그 결과 집값은 더 올랐다. 즉 은행과 정부가 부동산 자산 거품을 조장했다. 내용을 알면 부동산 자산 거품이 있다는 사실을 사람들이 인지하지 못한 것이 신기할 정도이다. 문제는 사람들에게 집을 사도록 유도하기 위해 은행이 만든 우대 금리가 2007년 만기가 되면 3배로 오를 예정이었고, 그렇게 되면 저임금 생활자들은 주택 담보 대출을 갚지 못할 것이었다. 이런 사실을 투자 은행에서 몰랐을까? 2005년 이미 부동산 시장에는 팔려는 집이 넘쳐나고 있었고 사려는 사람은 적었지만, 언론이나 투자사 모두 부동산이 호황이고 더 오를 것이라는 보고만 했다. 부동산 자산 버블이 있다는 마이클 버리의 경고는 무시되었고 타임스 신문이나 방송에 나가 부동산이 앞으로도 호황이라고 말을 할 사람들에게는 투자사나 부동산 회사에서 거액을 지불했다.

2005년에는 마이클 버리 외에 3명 정도만 부동산 시장 붕괴에 베팅을 했지만 차츰 투자 은행도 현실을 깨달았다. 그러나 투자 은행은 여전히 붕괴될 상품, 파산할 상품을 사람들에게 안전 자산이라고 팔면서 다른 한편으로는 부동산 시장 붕괴에 대비해 자신들은 손해보지 않고 나갈 출구를 준비했다.

2008년 부동산 자산 거품이 빠졌다. 은행들이 위기에 처하자 오바마는 1,600억 불을 JP모건 등 은행에 쏟아부어 주어 은행이 털끝 하나 다치지 않도록 도와주었다. 그중 1,500억 불은 납세자의 돈이었다.

은행은 부동산 거품을 만드는 동안 거액을 벌어 들였고 부동산 거품이 꺼지자 납세자의 세금으로 손해를 보전받았다. 즉 글로벌리스트는 호황에도, 파산에도, 불황에도 돈을 벌었다는 것이다. 1,500억 불은 미국의 전체 국민이 16년 동안 일해야 벌 수 있는 돈이라고 한다.

은행과 정부가 문제를 만들었고 중산층, 서민들이 막대한 피해를 봤는데 이 사건으로 감옥에 간 사람은 단 한 명이었다. 정부, 은행, 언론사 모두 자신들의 이윤만 챙기고 미국 서민과 중산층은 돌보지 않았다. 아니 돌보지 않은 것이 아니라 잔인하게 이용했다. 이 경우 잃어버릴 것이 없는 차상위 계층은 사실 큰 피해를 보지 않았다. 성실하게 대출을 갚아온 중산층이 갑자기 집값 폭락과 실직, 경제 공황이라는 날벼락을 맞았다.

미국 정부와 은행은 앞으로도 거품을 만들면 이에 모든 사람이 협조해서 다시 중산층을 끌어 들어 그들의 재산을 강탈해도 처벌받지 않는다는 사실을 확실하게 기관 투자자들에게 확인시켜 주었다. 그렇기에 앞으로도 이들 기관 투자자들은 버블을 조장하고 이용할 것이다.

중산층은 정부, 은행, 언론, 투자 회사의 말을 절대로 그대로 믿으면 안 된다는 교훈을 남긴 사건이다. 어떻게 이런 일이 가능한 것일까? 그것은 현재의 미국은 링컨이 원했던 국민의, 국민에 의한, 국민을 위한 정부가 아니라 0.001%에 의한, 0.001%를 위한, 0.001%의 정부이기 때문이다.

미국은 더 이상 민주공화국이 아니라 소수 독재국이다 - 워싱턴 타임스

어떻게 이런 일이 가능했을까? 우리가 아는 미국은 없다

"정치에서 우연히 일어나는 사건은 없다. 무엇인가 일어난다면 그렇게 되도록 기획된 것이다." 루스벨트 대통령

워싱턴 타임스, 타임스, BBC, 알자지라 방송에 의하면, "미국은 자유 민주주의 국가가 아니라 소수 경제 글로벌리스트가 통치하는 소수 과두 독재 국가"라고 보도했다.

2014년 4월 21일 자 워싱턴 타임스는 다음과 같은 기사를 올렸다.

'미국은 더 이상 민주 공화국이 아니라 소수가 일반 시민을 통제하는

소수 과두 정치 체제 국가이다.[44] 이런 기사는 길렌과 페이지라는 두 교수의 연구에 기반한 것인데 두 교수는 미국은 더 이상 민주주의가 국가가 아니라는 사실을 데이터로 만들어 증명했다. 미국에서 제정되는 법은 소수 부자를 위한 것이지 서민을 위한 것이 아니라고 한다. 즉 미국 시민이 국회의원을 선출해 워싱턴에 보내면 그들은 국회에서 소수 부유한 자를 위한 법, 부자에게 유리하고 서민에게 불리한 법을 만든다는 것이다. 국회의원 선거 과정에 막대한 자금이 필요하기에 국회의원들이 자신들을 선출해준 지역구민이 아니라 정치 자금을 많이 기부한 소수 부유한 자들을 대변하게 된다는 것이다. 미국은 이제 건국의 아버지들이 생각한 민주주의 공화국과 전혀 다른 시스템을 가지고 있다.'

프린스턴 대의 마틴 길렌 교수와 노스웨스턴 대의 벤자민 페이지 교수의 연구에 의하면 미국은 글로벌리스트의 지시대로 달려왔으며, 그렇기 때문에 이제는 소수의 지배층이 일반 주민을 완전히 통제하는 과두 정치 제도를 갖게 되었다. 이 연구에 의하면 미국 정부는 이제 일반 시민이 아닌 부유하고 강력한 시민을 대표한다고 국제 합동 통신(UPI, United Press International)은 보도했다. 미국은 이미 소수에 의한 독재 국가이다. 트럼프 45대 미 대통령은 용감하게 이들을 막아서려고 했지만 이들은 미국 정가뿐 아니라 언론, 법정, SNS 빅 테크 기업까지 합세시켜 트럼프 미 대통령으로부터 선거를 훔쳐갔다.

---

44 Chumley. C.K. (2014년 4월 21일). *America is an oligarchy, not a democracy or republic, university study finds.* New York:Washingtontimes. 2021년 3월 15일에 검색함. https://www.washingtontimes.com/news/2014/apr/21/americas-oligarchy-not-democracy-or-republic-unive/#ixzz3NzNGpVmO

이들 소수 독재자들은 이제 세계를 상대로 더 큰 경제 공황을 일으켜 더 큰 부를 자신들에게 이전시키려고 하고 있다.[45]

그렇다면 마이클 버리는 어떤 지표를 보고 있기에 미국에 하이퍼인플레이션이 올 것이라고 경고하고 있는 것일까?

---

45 Jalsevac. S. (2020년 4월 17일). *Are globalists using coronavirus crisis as battering ram to destroy, remake world order?*. Front Royal:Lifesitenews
https://www.lifesitenews.com/blogs/are-globalists-using-coronavirus-crisis-as-battering-ram-to-destroy-remake-world-order

3. 돈의 죽음

2021년 2월 21일 마이클 버리는 미국에 하이퍼인플레이션이 다가오고 있다는 다음과 같은 트위터 경고와 함께 책 한 권을 추천했다. 옌스 파르손이 쓴『돈의 죽음』이라는 책이다.

The US government is inviting inflation with its MMT-tinged policies. Brisk Debt/GDP, M2 increases while retail sales, PMI stage V recovery. Trillions more stimulus & re-opening to boost demand as employee and supply chain costs skyrocket. #ParadigmShift https://t.co/kNT4memOVt pic.twitter.com/Bdw1CDn3Yf — Cassandra (@michaeljburry) February 20, 2021

미국 정부가 돈을 많이 찍어내면서 인플레이션을 일으키려고 하고 있다. (MMT; Modern Monetary Theory의 약자, 쉽게 설명하면 돈을 많이 찍어내도 문제가 없다는 경제 이론)

GDP 대비 부채량은 올라가고 있고 통화량도 증가하고 있다. 소매 판매량 같은 실물 경제 지수는 지금 V자 형태 회복을 하고 있는데 거기에 정부는 수조 달러의 화폐를 찍어 공급하며 경제 과열을 일으키려고 한다. 백신 접종으로 봉쇄가 끝나고 경제가 재개되면 인플레이션이 올 것이다.

1차 세계 대전 종료가 야기한 독일 통화 유통 증가 속도와 인플레이션 증가
(독일 1914년-1923년)

	통화 유통량-통화 발행량 (전년대비%)	예산 적자 (%GDP)	시중 통화 유통량 (전년대비%)	인플레이션 (전년대비%)	생산량 (전년대비%)
1914	16	16	-6	30	-20
1915	27	52	-19	18	-10
1916	17	80	-22	2	-7
1917	42	62	-11	34	-3
1918	53	42	-34	21	-2
1919	80	34	129	228	-18
1920	65	19	32	79	18
1921	34	10	119	142	10
1922	288	6	3847	4126	9
1923	213000000	17	85300000000	85500000000	-27

자료 : BofA 글로벌 투자 전략, Sommariva 및 Tullio, Argent,
Cagan, The Great Depression Hall & Ferguson

참고 : Monetary growth rate is proxied by currency growth rate,
Velocity - (inflation + output) - money supply: Inflation rate - percent change
in the wholesale price index

표 1. 제 1차 세계 대전 종료가 야기한 독일 통화 유통 증가 속도와 인플레이션 증가
(자료 : BofA Global Research)

    마이클 버리가 하이퍼인플레이션을 경고하기 일주일쯤 전에 뱅크 오브 아메리카의 CIO(Chief Information Officer: 정보 관리 책임자)인 마이클 하트넷도 이런 차트를 올리며 비슷한 경고를 했다.

    독일 정부는 1914년부터 화폐 공급량을 지속적으로 늘렸다. 그러나 1918년까지 통화 유통량(시중에 도는 돈의 양)은 오히려 감소했기에 화폐 공급량에 비해 인플레이션이 크지 않았다. 그러다가 1919년 갑자기 그동안 마이너스이던 통화 유통량이 129%로 증가하면서 228% 인플레이션이 왔다. 하트넷은 미국이 이 시기에 있음을 시사하며 미국이 하이퍼인플레이션으로 들어갈 가능성을 예측했다.

    마이클 버리는 현재의 미국 경제 상황이 1920년 독일 금융 위기가 일어난 시기와 비슷하며 미국에 독일처럼 인플레이션이 일어날 것이라며, 지

금이 그 시기라고 확정적으로 말했다. 1923년에 일어난 독일의 하이퍼인플레이션은 1년 안에 독일 경제를 파멸시켰다. 리어카 한 가득의 독일 돈으로도 계란 한 판을 살 수가 없었다.

미국에서 마이클 버리, 제레미 그랜섬, 래리 서머스가 예측한 것과 같은 인플레이션이 시작된다면 전 세계 경제가 공황으로 들어갈 것이다. 당신의 미래가 그토록 암울해질 수 있는 것이다. 그렇다면 마이클 버리 같이 냉철하게 데이터와 시장 상황을 근거로 현실을 읽어내는 전문가가 틀리면 자신의 명성에 큰 흠이 갈 그런 예측을 내놓는 이유가 무엇일까?

마이클 버리가 추천한 옌스 파르손이 1974년에 출간한 『돈의 죽음, Dying of Money』에서 설명하는 독일 하이퍼 인플레이션에 대해 알 필요가 있다. 『돈의 죽음』은 우리에게 닥칠 큰 재앙을 이해하고 대비할 수 있도록 도울 수 있는 중요한 책이다.

독일(바이마르 공화국) 화폐는 1914년 이전에는 금 본위였다. 독일 정부는 1914년 전쟁 자금 조달을 위해 금본위 제도를 폐지시키고 불태환 화폐 제도를 도입했다. 그 후 독일 정부는 돈을 대량으로 찍어내기 시작했다. 그러다가 1923년 한 해에 독일 돈은 휴지가 되었다. 그러나 그전 해인 1920년과 1921년에 독일이 그렇게 파산할 것이라고 생각하는 사람은 아무도 없었다.

1921-1922년 독일은 세계인들이 부러워하는 번영을 누리고 있었기 때문이다. 그해에 독일 화폐는 세계에서 가장 강력한 화폐였고 물가는 안정

적이었으며 사업은 번성했고 실업률도 낮았다. 주식시장은 초호황이었다. 시중 통화 유통량 증가와 하이퍼인플레이션을 연결해서 생각하는 사람은 없었다. 그러나 1923년 잔치는 끝났다.

불황이나 인플레이션이 올 것이라고 말하는 투자자나 경제학자는 인기가 없다. 잘될 것이라고 해야 사람들이 계속 주식을 살 것이고 월가를 부자로 만들어 주기 때문이다. 투자자들과 경제학자들은 경제 거품에 대해 말하지 않는 경향이 있다. 그런 이유로 제레미 그랜섬이나 래리 서머스, 마이클 버리 같이 정직하게 현실을 간파하고 용기 있게 외치는 사람들은 드문 것이다.

마이클 버리는 이렇게 말했다. 우리가 지금 그 지점에 와있다. 유일한 문제는 언제 통화가 기하급수적으로 증가하는 단계에 진입하느냐는 것이다.

『돈의 죽음』은 본명이 로날드 막스(Ronald Marcks)인 변호사가 옌스 파르손이라는 가명으로 쓴 책이다.

로날드는 1914-1918년까지 독일 정부가 통화 유통량을 늘였지만 시중 통화 유통량(시중에 풀린 돈)이 줄어들어 심각한 인플레이션이 일어나지 않은 이유는 근면하고 절약하는 습성이 베인 독일인들이 저금을 많이 했고 해외에서 마르크를 구매해 저금했기 때문이라고 했다.

화폐 공급은 전쟁 전보다 9배나 높았지만 돈의 실질적 가치는 1914-1917

년 4년 만에 거의 반으로 평가절하 되었다. 그러자 독일인들은 저금을 해봤자 돈 가치만 하락한다는 사실을 깨닫고 저금을 중단하고 주식 구매 등 투기에 참여했다. 그러자, 1918년 인플레이션은 10배로 폭증했다. 그러나 그 후에도 정부는 하이퍼인플레이션을 만들어내는 일련의 조치들을 계속했고, 1920년에 독일 물가는 17배로 올랐다. 이 당시 바이마르 공화국은 민주사회당이 정권을 잡고 있었다.

독일 정부가 1914년 전쟁 전에 금과 연계된 금본위 화폐제도를 폐지하고 불태환 화폐로 제도로 바꾼 것은 인플레이션을 발생시키려는 것이 목적이었다. 인플레이션은 사실 국가가 국민에게 부과하는 세금이다. 국민들은 세금에는 저항하지만 인플레이션은 덜 저항하기 때문이다. 국가가 통화를 증가시키면(돈을 계속 찍어내면) 결국 인플레이션은 오기 마련이다.

통화량을 대량 증가시키면 하이퍼인플레이션이 온다. 당연한 이치다. 미국은 베트남에서 미군 오십만 명을 주둔시키고 최신 무기를 동원해 비싼 전쟁을 10년 동안 치렀다. 후버 연구소 연구원이었던 안서니 서튼(Anthony Sutton)[46]은 이 기간에 미국 국방부가 남베트남에 무기를 제공해 그 무기가 결국 공산 월맹에게 넘어 가게 만든다는 충격적인 사실을 밝혀 냈다.

---

46 'Anthony Sutton'. 2021년 3월 15일에 검색함. http://antonysutton.com/
주:불태환 화폐- 금 혹은 은에 대한 태환이 보장되어 있던 태환 지폐의 반대 의미로 쓰인다. 중앙은행의 신용에 의해 유통되는 지폐라고 하여 신용 지폐라고도 불린다.

미국의 그림자 정부는 월남과 월맹에 전부 무기를 지원하며 미국의 국고를 고갈시켰다. 닉슨은 1971년 전쟁 물자 조달을 위해 미국의 금본위 화폐제도를 폐지하고 불태환 화폐 제도를 채택한다고 선포했다. 참고로 비잔틴 제국은 금태환 화폐제도를 800년 동안 유지하며 안정적으로 경제를 유지시켰다. 그러나 불태환 화폐제도는 평균 수명이 고작 27년이다. 하이퍼인플레이션으로 몰락한 국가들(바이마르 공화국, 짐바브웨, 아르헨티나 등)은 모두 불태환 제도를 갖고 있다. 불태환 제도는 이처럼 매우 불안한 시스템이다.

미국에 로날드 막스 같은 깨어있는 지성들은 글로벌리스트, 그림자 정부가 미국을 독일처럼 인플레이션으로 몰락시킬 것이라는 사실을 알고 있었다. 1970년도에 『돈의 죽음』, 『돈은 어떻게 죽는가?』 등의 독일 사례를 연구한 책들이 발간된 것은 그런 배경이 있는 것이다.

다시 말하지만 부는 파괴되지 않는다. 이동될 뿐이다. 작은 경제 공황은 작은 부를 이동시키고 큰 공황은 큰 부를 이전시킨다. 세계 중산층의 부를 글로벌리스트에게 이동시키려면 선진 국가 대부분이 영향을 받는 하이퍼인플레이션이 일어날 것이다. 로날드 막스는 1973년에 쓴 자신의 책에서 독일에서는 1913년-1923년의 하이퍼인플레이션 잉태 기간이 있었던 것처럼, 미국에서는 2010년-2021년, 하이퍼인플레이션의 잉태 기간을 거친 후에 하이퍼인플레이션이 나타날 것이라고 예측했다.

결론: 역사적으로 하이퍼인플레이션은 국가가 의도적으로 만들어낸다. 하이퍼인플레이션은 일부 국민의 재산을 몰수하는 세금이다. 하이퍼

인플레이션으로 인한 경제 공황은 부의 이동이지 부의 파괴는 아니다. 경제 공황은 하향 평준화를 가져온다. 경제 공황으로 결국 많은 사람이 고통받기에 미리 알고 준비하면 피해를 어느 정도 줄일 수 있다.

전 세계에서 격렬한 저항이 일어날 것이다. 글로벌리스트가 세계 각국에게 그레이트 리셋을 하라는 압력을 넣어 고의로 경제 공황을 일으키고 있다고 저자는 믿는다. 즉, 한국과 미국에서 정부는 최저 임금 제도로 자영업, 중소기업을 몰락시켜 최저 임금제를 감당할 수 있는 대기업 위주로 시장을 개편시키고 실업률 증가를 나랏돈을 풀어 해결하며 국가 채무를 증가시켰다. 또한 코로나 19에 대한 과잉 대응으로 경제 침체를 일으키고 그에 대한 해결책으로 엄청난 부양책을 사용해 대공황을 불러 일으킬 인플레이션을 발생시키는 것은 결국 빚더미에 올라 앉은 국민들에게 채무 탕감을 조건으로 사유 재산 소유권 양도를 받아내려는 그레이트 리셋에 계획인 것이다.

전 법무장관 추미애 씨는 공공연히 한국도 중국처럼 부동산을 정부가 소유해야 한다고 주장해왔다. 공황이 오면 많은 사람이 실업자가 될 것이고 주택 구매를 위해 대출을 갚지 못하게 될 것이다. 거기에 더해 부동산 가격 하락으로 집을 팔지도 못하게 되면 결국 사람들은 그레이트 리셋의 시나리오대로 IMF에 사유 재산을 전부 넘겨주고 빚을 탕감받으려고 할 것이다. 그렇다면 한국에서 정권이 교체되면 이런 흐름이 멈춰질 수 있을까? 큰 그림은 변경되지 않을 것이다. 독자 여러분들은 앞으로 이 책을 통해 그레이트 리셋을 추구하는 세력이 얼마나 거대하며 치밀한지를 알게 될 것이다. 불행하게도 그레이트 리셋을 현시점에서 막아설 수 있는 정권은 없을 것이다.

상황을 반전시킬 수 있는 것은?

하이퍼인플레이션에 동의하지 않는, 글로벌 리셋에 명확하게 반대하는 정치 세력이 권력을 잡으면 반전시킬 수 있다. 과도한 복지를 지향하지 않고, 재정 건전성을 강조하는 정권이 필요하다. 무늬만 우파이며 중도를 표방하지만 실제로는 좌파인, 진보 좌파를 경계해야 한다. 명확하게 자유민주주의, 자유 시장 경제, 친기독교적인 정책을 입안하고 실행할 진정한 우파 정치인을 발굴하고 지지해야 한다. 우파라는 이름이 아니라 이들의 정책을 잘 살펴보고 지지해야 한다.

4. '한 세대 내 경험 못한 인플레 온다' - 수상한 복귀 신호들 (중앙일보 기사)[47]

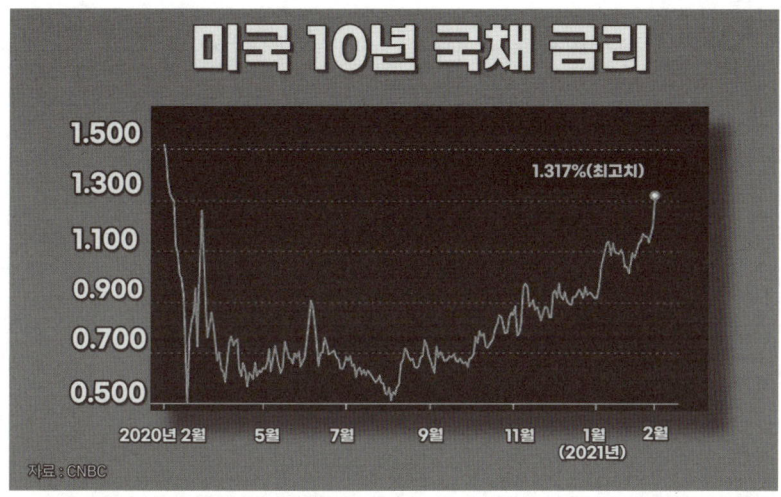

표 2. 미국 10년 국채 금리 (자료 : CNBC)

빌 클린턴 행정부 재무 장관과 버락 오바마 행정부 백악관 국가 경제 위원장을 역임한 래리 서머스는 지난 5일 워싱턴 포스트(WP)의 칼럼에서 '2차 세계 대전과 맞먹는 대규모 부양책으로 인해 한 세대 내에서 경험하지 못한 인플레이션 압력을 유발할 수 있을 것이다'고 경고했다.

세 번의 금융 버블 예견한 투자의 전설 '지금이 네 번째' - 지금이 거품이고 거품이 사라지면 오랜 고통만 남을 것이며 고통이 시작되기 전에 마지막 춤을 추고 있다고 말했다.

---

[47] 하현옥. (2021월 02월 17일). "한 세대 내 경험 못한 인플레 온다"..수상한 복귀 신호들. 서울:중앙일보. 2021년 3월 15일에 검색함. https://news.joins.com/article/23994375

제레미 그랜섬[Jeremy Grantham, Univ. of Sheffield / Harvard, GMO Founder(1977~)] - 일본 버블, 닷컴 버블, 08년 버블을 예측한 버블 전문가

그랜섬은 보스턴에 본사가 있는 자산 운용사 GMO(Grantham, Mayo, Van Otterloo)의 공동 창업자 겸 최고 투자 전략가이다. GMO의 자산 운용 규모는 1100억 달러(133조 원)에 이르는 것으로 알려져 있다. 그는 "이것(최근의 증시 과열)은 미친 짓"이라고 말했다. 제레미 그랜섬은 버블 전문가이다. 일본 버블, 닷컴 버블, 2008년 버블도 예측을 해서 전설이 되었다. 그가 버블을 외치는 순간에 버블이 아니라고 생각했던 투자자들은 그랜섬을 불신하며 GMO에 맡겨놓은 자금을 회수해갔다. 그러나 언제나 그랜섬이 옳았고 투자자들은 나중에 후회했다. 제레미 그랜섬은 유명 경제 방송 블룸버그에 2021년 1월 22일 출연해 다음과 같은 의견을 피력했다. 이 영상은 2021년 3월 14일을 현재, 약 270만의 조회수를 기록하고 있다.[48]

다음은 제레미 그랜섬이 블룸버그에서 밝힌 지금이 1929년, 2000년 버블과 방불하는 버블이라고 진단하는 근거이다.

- **시장의 급등**
  특히 마지막의 상승이 드라마틱

- **시장의 이상현상**
  수익, 이익이 나지 않은 기업들이 10배 상승

---

48 Bloomberg Markets and Finance. *Why Grantham Says the Next Crash Will Rival 1929, 2000*. San Bruno:Youtube. https://www.youtube.com/watch?v=RYfmRTyl56w

- 폭락이 오면 대처가 어렵다
  금리가 제로

- 실물경제와 자산시장의 괴리
  회사들이 돈을 더 많이 벌었는가?

*시장이 급등했다.

미 주식 시장은 지난 3월 23일을 저점으로 폭등세다. 다우 존스 30, 산업 평균 지수는 지난 3월보다 40.5% 올랐고, S&P500 지수는 39%, 나스닥 지수는 44% 이상 올랐다. 지난주에는 코로나 19 영향이 본격화하기 전인 올해 2월 19일 이후 최대 상승장을 보였다.

*2021년에 들어와서 수익이나 이익이 거의 나지 않는 기업들의 주가가 10배, 30배 뛰었다.

*실물경제와 자산 시장의 괴리가 지금 날이 갈수록 커져가고 있다. 금리가 너무 낮아 폭락이 오면 대처하기 어렵다.

*역사상 가장 긴 상승장이다(2009년 3월 이후 시작된) 투기 열풍까지 겹쳐져 모든 조건을 충족하는 역대급 버블이다.

대개 이런 (버블) 현상은 완벽에 가까운 경제와 시장친화적인 연준(연방준비위원회, FRB)의 행동을 동반한다. 이번 현상은 세계 경제가 심각한 타격을 입었는데도 불구하고 일어났다. 그렇기에 연준은 더 엄청난 시장 활성화 정책과 정부의 정책들을 도입했다. 도덕적 해이까지 겹쳐 투자자들은 상승장이 지속될 것이라는 강한 확신을 갖고 돈을 빌려서 투기를 하고 있다. 연준이 편들어 준다면 돈을 잃을 일이 없다. 그린스펀 때 처음 그런 얘기들이 나올 때는 의심하는 사람들이 많았다. 버냉키 시절에는 의심하는 사람들이 조금 줄더니 요새는 거기에 의심을 표하는 사람이 거의 없다. 연준이 시장의 편에 설 것이라고 확신할 수 있다면 주식 시장은 끝없이 오르게 돼있다.

*버블의 징조

내가 보유하고 있는 Qunatumscape를 $10에 신규 공개를 했는데 가격이 $130까지 올랐다. 그 주가가 $130이 됐을 때 시가 총액이 제너럴 모터스(GM)이나 파나소닉(Panasonic)보다 높아졌다. 이 회사가 아주 훌륭한 회사인 건 사실이지만 적어도 향후 4년 간은 배터리를 제조하지 않을 것이 거의 확실하다. 매출도, 영업이익도 0인 상태에서 GM보다 시가 총액이 큰 것이다. 1929년(대공황)에도, 2000년(닷컴 버블) 때도 이런 일은 없었다.

*더 큰 버블은 더 큰 폭락을 가져올 뿐이다.

최근 부양책의 불편한 진실은 더 큰 투자로 이어지지 않았고 실제 경제 생산성의 증가로 이어지지 않았다는 것이다. 부양책으로 풀린 돈은 결국에는 주식 시장으로 들어왔다. 앞으로 나오는 부양책도 비슷할 것이다. 부양책이 커질수록 버블도 커질 것이다. 우리는 이번 버블을 역사책에서 찾아보게 될 것이다.

버블이 화려할수록 폭락은 더 클 것이다. 정부가 돈을 아무리 많이 찍어도 기업이 버는 돈과 배당금은 늘지 않는다. 결국 주가는 미래 배당금에 영향을 받게 될 것이다.

코로나 이전 미국은 약했다. 그런데 코로나를 겪고 나니 주식 시장이 더 올랐다. 비정상적이다. 코로나로 세계 경제가 심각한 피해를 입었는데도 불구하고 주식 시장이 올라가는 것도 비정상이다. 이건 순전히 통화 정책의 효과이다. 물론 시장 참여자들의 확신이 계속된다면 통화 정책으로 버블을 뒷받침하는 게 가능하다. 하지만 역사의 교훈은 명확하다. 지금과 같은 광란의 시장의 지속은 불가능하다.

*대책은 신흥 저평가 주식

지금은 미국 주식은 다 파는 것이 좋다. 아니면 2000년(닷컴 버블) 때와 같이 저평가되어 있는 영역을 찾아야 한다. 미국의 가치주들은 혹은 다른 말로 저성장 주들은 고성장 주들에 비해 싸질 만큼 싸져 있다. 그러므로 하락폭도 크지는 않을 것이다. 하지만 여전히 상당 수준의 리스크를 부담해야 한다. 해외 주식은 아직 엄청 싸다. 해외에는 아직 미국만큼의 상승장이 오지 않았다. 예컨대 신흥국으로 눈을 돌려보면 주식들이 전혀 비싸지 않다.

*인플레이션도 걱정

인플레이션에 대해서도 살짝 우려하고 있다. 실물 경제와 상관없이 돈을 찍어도 된다는 세상에 살고 있기 때문이다.

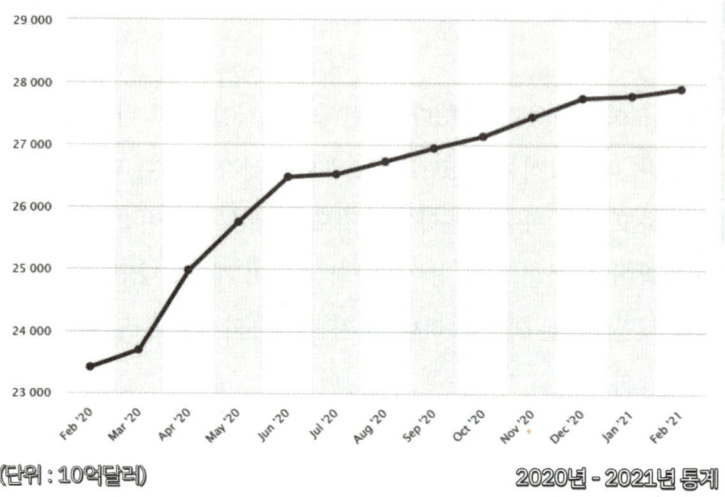

표 3. 2020년 2월부터 2021년 2월까지 미국의 공공 부채(Public debt of the United States of America from February 2020 to February 2021, by month) 표 출처: https://www.statista.com/statistics/273294/public-debt-of-the-united-states-by-month/ Published by Erin Duffin, Feb 5, 2021

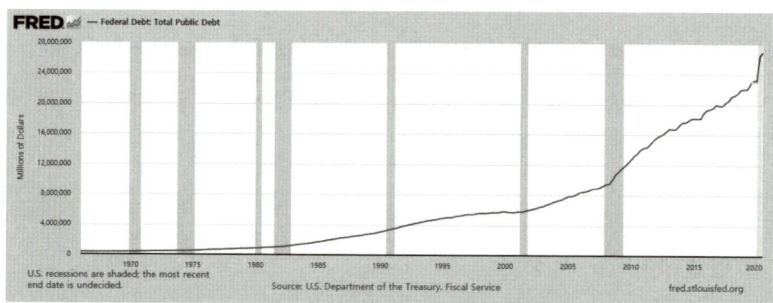

표 4 : 미 연방 준비은행: 연방 빚: 총 국민 채무 표 출처: U.S. Department of the Treasury. Fiscal Service, Federal Debt: Total Public Debt [GFDEBTN], retrieved from FRED, Federal Reserve Bank of St. Louis; https://fred.stlouisfed.org/series/GFDEBTN, March 23, 2021. Feb 23, 2021 · Board of Governors of the Federal Reserve System (US), M2 Money Stock (DISCONTINUED) [M2], retrieved from FRED, Federal Reserve Bank of St. Louis; https://fred.stlouisfed.org/series/M2, March 20, 2021.

미 연방 준비은행은 2021년 2월 23일, 정부에 의한 통화 발행량을 보여주는 M2그래프를 더 이상 공개하지 않겠다고 발표했는데, 이는 40년 만에 처음 있는 일이다. 이 뉴스에 대해 '이제 미국 정부가 얼마나 많은 돈을 찍어내도 일반 시민이 알 수가 없게 되었다. 공포스러운 일이다. 돈을 얼마나 더 찍어내겠다는 것인가?'라는 댓글이 달렸다.

2021년 초 미국 채무는 27.78조 달러이다. 2020년에는 23.2조 달러였다. 미국 채무는 2008년 금융위기가 일어나기 전에는 불과 9조였다. 미국의 초대 대통령 워싱턴에서 조지 부시까지 이백여 년 동안 축적된 미국 부채가 9조 달러였는데 오바마가 취임한 2008년에서 퇴임한 2016년 8년 동안 11조가 증가해 약 20조가 되었다. 트럼프 행정부에서는 처음 3년 동안 약 3.2조가 증가했는데 코로나 19로 마지막 1년에 약 4.5조 증가한 것이다.

올해도 사상 최대의 통화가 발행될 예정이다. 미국 국채의 규모가 커져서 이제는 국채 이자가 조금만 올라도 이자량이 엄청나게 증가하게 되었다. 2021년 3월에 이미 약 3~4조 달러가 더 발행될 것이다. 미국 국채는 곧 30조 달러를 훌쩍 뛰어넘게 될 것이다. 불과 10년 사이에 미국 채무는 3~4배로 증가하게 되는 것이다. 미국에, 유통되는 돈의 24%는 코로나 19 이후에 발행되었다. 미국이 발행하는 화폐량이 이 정도로 급격하게 증가된 때는 1944년으로 이차 대전이 끝나기 전이었다. 당시 미국은 전함 건축, 무기구매, 핵무기 제조 등 막대한 전쟁 경비를 지불했다. 지금 미국은 세계 전쟁에서 총력전을 펴고 있을 시기처럼 화폐 발행량을 늘이고 있다. 미국은 2차 대전에서 승리했기에 전 세계를 미국을 중심으로 재편하며 전쟁 부채를 갚고 부강해질 수 있었다. 그러나 지금은 그때와는 전혀 다르다. 채무의 늪에서 빠져나올 방법이 없다.

지금, 시중에 도는 돈의 24%는 코로나 19 사태 이후에 발행된 것인데도 지금까지 인플레이션이 크지 않은 이유는 아직은 상류층에게만 돈이 몰려서 상류층이 향유하는 명품, 미술품, 고가의 차등 사치품의 가격만 인상되었다. 코로나 19로 중산층들은 저금이 늘고 소비는 줄었다. 백신이 공급되면서 이들 중산층이 소비를 시작하면 본격적인 인플레이션이 올 것이다.

5. 1929년 대공황은 어떻게 전개되었나?

1929년 10월 24일 목요일부터 29일 화요일까지 뉴욕 월 스트리트 주가는 폭락을 거듭하게 된다. 24일 목요일에는 주식 시장이 개장하자마자 주가가 11%나 하락했고, 이를 본 시장의 공포심은 말할 수 없었다. 이에 다량의 주가 매도가 뒤를 이었고, 결국 28일 월요일에 12.82%가 29일 화요일에 11.73%가 추가적으로 하락하게 된다. 이후 주가는 계속해서 하락해 11월 13일에 다우존스 최저점이 198.69포인트를 찍게 되면서 주가가 두 달 사이에 반토막이 나게 된다.

대공황 전개 과정

이렇게 시작된 대공황은 1929년부터 1932년까지 무려 4년간 지속되었으며 미국에서 시작되어 전 세계로 영향을 미치게 된다. 당시 이 4년 간 전 세계 GDP가 무려 15%나 감소했다고 하니 그 영향력은 상상 이상이었다. 2008년 서브프라임 모기지로 인한 글로벌 금융 위기 당시 세계 경제 GDP가 약 1% 위축되었던 점을 감안하면 실로 어마어마한 불황이었을 것이다.

사진 25. 실직하여 길거리로 내몰린 노동자들

6. 미국의 마지막 댄스: 카멀라 해리스가 전면에 나설 때

제레미 그랜섬의 말처럼 미국은 침몰하기를 기다리며, 마지막 춤을 추는 중이다. 세계 경제는 미국과 함께 가라앉을 것이다. 미국의 포털 기업 '야후'는 언제나 '현직 대통령'에 대한 뉴스(사진과 동정 등)로 도배했다. 오바마 때는 오바마뿐 아니라 오바마의 아내, 딸들은 물론이고 심지어 백악관의 개들 근황까지 시시콜콜하게 보도했다. 이에 발맞추어 한국 신문도 오바마가 아내를 포옹하거나 외국 정상을 만나거나 하는 등의 동정 사진들을 끊임없이 보도했다.

이는 트럼프 때도 마찬가지였다. 트럼프는 언제나 화제의 중심이었다. 미국의 진보 좌파 언론은 트럼프에게 적대적이었지만, 트럼프가 없으면 광고도, 시청률도 나오지 않았기에 트럼프에 대한 뉴스로 도배를 하지 않을 수 없었다. 언론에 가장 자주 등장하는 뉴스는 트럼프가 탄핵당하거나 고소당할 것이라는 것이었다. 심지어 바이든이 대통령으로 취임한 이후조차도 어쩐 일인지 여론의 중심에는 조 바이든이 아니라, 여전히 트럼프가 관심의 중심에 있다.

2020년 11월에 펼쳐진 미국의 대선을 통하여 트럼프는 공식적으로는 7천5백만 표를 득표했다. 2016년보다 1천만 표를 더 얻은 것이었다. 그런데 의아하게도 미국 역사상 1기보다 2기에 더 많은 표를 받고도 재선에 실패한 대통령은 트럼프뿐이었다. 어찌 되었든 조 바이든은 미국 역사상 가장 높은 8천만 표를 득표했다고 알려져 있다.

그러나 대선 결과가 선뜻 납득이 안 되는 이유는 2020년 2월 29일 갤럽 여론조사에서 미국인이 가장 존경하는 인물이 누구냐는 질문에 대하여 응답자들로부터 트럼프는 18%, 오바마는 15%, 그리고 조 바이든은 이에 훨씬 못 미치는 6%를 얻었다. 이 정도로 추종자가 없는 조 바이든이 미국 역사상 최고 수치의 표를 얻어 대통령이 된 사건은, 미국 정치사에서 존 에프 케네디의 사망 사건만큼이나 그 배후에 음모론이 끊임없이 제기되는 사건으로 두고두고 남을 것이다.

언론은 바이든의 인기가 실제로는 그토록 낮아도 대선 기간과 취임 전까지만 해도 조 바이든의 사진을 끊임없이 지면에 올렸다. 그것도 마치 그를 가톨릭의 성자처럼 보이도록 바이든의 뒤쪽에 후광이 비치도록 조작한 사진들로 주로 도배를 했다. 그러나 어찌 된 영문인지 조 바이든의 취임 후로는 바이든의 사진은 차츰 야후의 지면에서 사라져 갔다. 그가 3월에 거대한 복지 수당을 준비하고 있다는 뉴스 외에는 나오지 않고 있다. 취임 이후 바이든이 실행 중인 거의 모든 정책은 아이러니하게도 미국인이 아니라, 그레이트 리셋을 주장하는 글로벌리스트와 중국을 위한 것이다. 그런데도 언론은 이러한 문제에 대하여 전혀 시사하는 바가 없다. 조 바이든은 달리 미국인에게 줄 선물이 없다. 그러니 뉴스거리도 없는 것이다.

언론을 통하여 트럼프는 위대한 미국을 보여주었고, 멜라니아는 미국의 경제력을 과시하려고 기꺼이 세계 지도자들의 모임에 수천만 원 하는 의상을 입고 나타났다. 미국은 더 이상 최고의 국가가 아니라며 세계를 다니며 자국을 망신시킨 오바마조차 미국의 힘과 매력을 사진으로 보여주었다.

그러나 바이든이 취임한 지 1개월이 지난 2021년 2월 21일, 야후 사이트에는 조 바이든에 관한 단 하나의 기사조차 없다. 다만 대통령 조 바이든이 아니라, 아내인 질 바이든의 사진이 화제가 되고 있다.

사진 26. 질 바이든 영부인 (사진 출처 : 질 바이든 트위터)

사진 속에서 질 바이든은 사랑스러운 핑크색 코트를 입고 흑인 소유의 제과점에서 밸런타인 초콜릿을 사고 있다. 그 기사에서 언론은 그녀의 헤어스타일이 사랑스럽다는 사실과 제과점 주인이 흑인이라는 점을 부각했을 뿐이다. 언론은 질 바이든을 시어도어 루스벨트(Theodore Roosevelt. Jr.)의 아내 엘레노어 루스벨트에 비교하고 있는데, 사실 루스벨트의 아내와는 비교할 대상이 되지 못한다. 엘레노어 루스벨트는 소아마비 증세를 앓는(사실은 자가면역성 질병이라고 함) 남편 시어도어 루스벨트 대통령을 대신하여, 공식적인 방문 등을 많이 할 수 밖에 없는 상황이었다. 그러니 이 두 여자 사이에는 엄연한 차이가 있다. 아무튼 이러한 기사를 통해 언론은 벌써 아내인 질 바이든이 전면에 나서고 있음을 시사하고 있다.

잘 아는 바와 같이 미국 대통령의 사진은 단순한 화젯거리가 아니라, 정치적인 서사이다. 따라서 언론이 공개하는 사진을 통하여 끊임없이 미국인과 지구촌 사람들에게 미국의 존재감을 상기시켜주며 미국이 제1의 상품이 되도록 해주어야 한다. 한편 미국이 앞으로도 세계 최강국으로 남을 것이라는 자신감과 그러한 인식을 국내외에 심어주는 것은 사실상 미국 대통령의 가장 큰 의무이다. 그래야 미국이 경제, 군사 부문에서 선도해 나갈 수 있다. 그런데 전 세계와 미국이 코로나 19로 전례 없는 절체절명의 이 위기 가운데 도대체 미국의 힘의 상징인 대통령 조 바이든은 어디로 사라진 것인가? 이러한 공식을 잘 알고 있으며 정치적 계산에 밝은 언론은 왜 바이든을 더 이상 다루지 않는 것인가? 왜 언론은 대통령에 대해서는 침묵하고 있는 것인가?

흥미로운 사실은 외국 귀빈을 접대하는 사람도 바이든이 아니라, 부통령인 카멀라 해리스라는 것이다. 이는 곧 미국의 대통령은 외국 귀빈들에게 약속해 줄 수 있는 것이 없음을 뜻한다.

미국을 상징하는 대통령 조 바이든의 사진이 사라진 야후(Yahoo), 그의 동정을 일절 보도하지 않는 야후, 이것은 누가 보더라도 도무지 정상이 아니다.

조 바이든은 중국의 위그루 탄압을 인권 유린이 아닌 문화적인 현상으로 받아들인다고 말했고, 일본에 대해서는 2차 대전 중에 미국이 일본인을 강제 수용한 사실을 인권 유린으로 규정하고 이를 사과했다. 일본과 중국에 더 이상 미국이 큰소리를 치지 않겠다는 의미일 것이다. 예를 들어,

이처럼 일본이 위안부 문제나 과거 식민지였던 사실에 대해 한국에 사과하는 경우는 딱 한 가지로, 한국이 일본의 국력을 앞지를 경우일 때에라야 가능한 일일 것이다. 이와 같은 측면에서 중국과 일본에 대한 바이든의 사과를 이해하면 된다.

이처럼 2021년 오늘날의 미국이란 존재는 더 이상 세계를 선도하고 제압해 나갈 제국이 아닌 것이다. 미국 국력의 큰 힘이 되어줄 셰일 가스를 스스로 포기하고, 그 대신 미국의 경제력을 약화할 각종 규제를 다시 불러들이고 미국의 치안을 위태롭게 만들 국경을 개방하는 조 바이든의 정책을 본다면 좀처럼 미국의 경제에 소망을 두기는 어려울 것이다. 지금 미국은 나라의 수장인 대통령부터 자멸의 길을 선택하고 있다. 조 바이든은 미국의 경제를 모두 소진시키는 역할을 맡고 있다. 정말 큰 문제다. 망할 길인 줄 알면서도 그는 경로 수정을 하지 않고 있다. 미국 증시와 미국의 경제는 이미 탈 동조화된 상태다.

앞의 글을 쓰고 있는 동안 한 달 여의 시간이 흘렀다. 2021년 3월 13일 언론은 드디어 다음과 같은 기사를 내보냈다. '지난 100년 동안 대통령이 이토록 모습을 드러내지 않은 적이 없다.' 조 바이든이 대통령으로 취임한 이후 아직도 홀로 정식으로 뉴스 컨퍼런스를 연 적이 없다는 사실에 대해 백악관이 해명해야 한다는 압력이 높아지고 있다.[49]

---

49 Gittleson. B.(2021년 3월 11일). *Biden not yet holding a formal news conference raises accountability questions*. New York:GMA. 2021년 3월 15일에 검색함. https://www.yahoo.com/gma/biden-not-yet-holding-formal-100150308.html

앞으로 권력이 점차 카멀라 해리스로 이동해 갈 것이다. 사실, 카멀라 해리스는 꼭두각시일 뿐 오바마가 뒤에서 대리 청정할 것이다. 오바마는 오프라 윈프리 쇼에 출연해 대통령 선거에 다시 한번 도전해 볼 생각은 없느냐는 오프라의 질문에 자신의 주택 지하실에서 지시를 내리고 백악관에서 그 지시를 따르는 것이 더 좋다고 답한 바 있다.

미국 경제는 이미 하락하기 시작했지만 언론이 카멀라 해리스를 보도하는 횟수가 증가할 때는 위험 신호이며, 권력이 극좌인 카멀라 해리스에게 이양되는 시점에는 미국 경제는 몰락해가면서 미국은 빠르게 중남미 국가처럼 변해갈 것이다. 세계 경제도 미국과 함께 가라앉을 것이며 한국도 예외는 아니다. 경제 몰락은 인류를 가난하고 무기력하게 만들어 적그리스도적인 사회주의 국가로 만들어 가려는 적의 계략인 것이다.

이들은 대중이 모르게 그림자 정부를 만들어 권력을 행사해왔다. 글로벌리스트는 대중 미디어를 지속적으로 사들여 주류 언론이 글로벌리스트에 대해 보도하지 못하도록 막았다. 이 모든 계획을 처음에 시작한 세실 로스와 밀러는 유대인이 아닌 영국인이었고, 미국에서 세계 정부 추진을 강력하게 이끈 데이비드 록펠러도 유대인이 아닌 미국인이다. 사탄은 유대인이든 비유대인이든 돈, 명성, 권력을 탐하는 능력 있고 재능 있는 사람들을 미혹해 하수인으로 사용한다.

미국에서는 글로벌리스트의 정체와 의제, 그리고 전략을 폭로하는 책들이 20세기에도 지속적으로 출판되고 트럼프 미 대통령이 이들과 전투를 벌였기에 다수 우파 시민들과 기독교인들이 글로벌리스트에 대해 알게 되었다. 트럼프 미 대통령과 영국의 브렉시트를 통해서 위기를 느낀 글로벌리스트는 코로나 19로 전 인류의 자유를 억압하며 사유 재산권, 언론의 자유, 종교의 자유, 공정한 선거를 하나씩 강탈해 가려하고 있다. 적그리스도의 세계 정부 시스템의 완성으로 인류는 저들의 노예로 전락하고 있으며 세상은 짐승의 표를 받아야 하는 시스템으로 빠르게 변해가고 있다.

6

코로나 19는
시작일 뿐
경제 몰락이
오고 있다

... 6부

빌 게이츠의 두 얼굴
- 전형적인 글로벌리스트

6부

빌 게이츠의 두 얼굴
- 전형적인 글로벌리스트

1. 우주는 빌 게이츠를 위해 존재한다?

'우주는 오직 나를 위해 존재할 수도 있다. 만약 그렇다면 내가 잘 되는 건 당연하며, 나는 그것을 받아들여야 한다.' - 빌 게이츠

내가 그 뿔을 유심히 보는 중에 다른 작은 뿔이 그 사이에서 나더니 첫 번째 뿔 중의 셋이 그 앞에서 뿌리까지 뽑혔으며 이 작은 뿔에는 사람의 눈 같은 눈들이 있고 또 입이 있어 큰 말을 하였더라 〈다니엘 7:8〉

우주가 빌 게이츠를 위해 존재할 수도 있다는 빌 게이츠의 말에 동의하지 않지만 주류 언론, 소셜 미디어, 'WHO', 'UN'과 '다보스 포럼'은 그를 위해 존재하는 것 같다.

로버트 케네디는 빌 게이츠가 거대한 기부를 통해 세계 경제 포럼을 통제하고 있다고 폭로했다. 글로벌리스트 그룹은 분야별로 주도하는 인물이 있다. 빌 게이츠는 기술 분야에서 신세계 질서를 선도하고 있다. 글로벌 리셋의 내용은 위에서 누누이 언급한 대로 팬데믹(코로나 19) 위기를 슬기롭게 극복하자는 것이 아니라 팬데믹(코로나 19)으로 위기의식을 조장해 겁에 질려 고분고분해진 인류를 상대로 부를 착취해 소수 부자에게 몰아주고 글로벌리스트가 통치하는 신세계 질서(뉴 월드 오더)를 만들자는 것이다.

콜롬비아 저널 리뷰는 언론이 왜 그를 그렇게 보호하려고 하는지 그 비밀의 일부를 폭로했다. 2020년 8월 21일, 콜롬비아 저널리즘 리뷰는 게이츠가 언론에 기부한 2억 5천만 달러 때문에 언론이 게이츠, 특히 백신에 대해 긍정적으로 홍보한다고 했다. 그러나, 콜롬비아 저널리즘 리뷰는 언론이 빌 게이츠를 그토록 옹호하는 더 큰 이유가 있다는 점도 시사했다.[50] - 신세계 질서에 참여하는 사람은 모두 언론에 보호를 받는다.

RFK 주니어와 반다나 시바(Vandana Shiva)의 인터뷰: 게이츠 제국 '모든 것을 소유할 것'

반다나 시바는 이날 RFK(로버트 F 케네디) 주니어 CHD 회장과의 인터뷰에서 게이츠와 그의 제국에 맞서 싸우지 않으면 그들이 모든 것을 소유

---

50 Tim Schwab. (2020년 8월 21일). *Journalism's Gates keepers*. New York:Columbia Journalism Review. 2021년 3월 15일에 검색함. https://www.cjr.org/criticism/gates-foundation-journalism-funding.php

하게 될 것이라고 경고했다. 당신들은 아무것도 소유하지 못할 것이다. 공유도, 공공의 이익도, 공유 가치도 소유하지 못할 것이다.[51]

다음은 로버트 케네디 주니어가 블로그(the defender)에 올린 글 중 일부이다. 로버트 케네디는 환경 문제 전문 변호사이며 그의 아버지는 존 에프 케네디의 동생으로 암살당한 형 대신 대통령이 될 것이라는 기대를 한 몸에 받다 43세인 1968년에 자신도 암살당한 로버트 케네디이다.

2010년과 2009년, 빌 게이츠는 유엔에서 앞으로 10년은 백신의 시대가 될 것이라고 선포했다. 사람들은 그의 발언을 대수롭지 않게 생각했다. 그러나 선출직을 가진 정치인도 외교관도 아닌 사람으로 유엔에서 어떤 선포를 한 것은 그가 처음으로 아주 이례적인 경우였다.

유엔에서 빌 게이츠가 앞으로 십 년이 백신의 해가 될 것을 선포한 후, 즉시 빌 게이츠는 백신에 관한 여러 기구를 만들고 전 세계에 백신을 홍보하기 시작했다. 사람들이 정부 기관이라고 생각하는 백신 관련 기관인 CEPI(The Coalition for Epidemic Preparedness)와 PATH 및 GAVI(Vaccine Alliance)는 전부 빌 게이츠가 만든 기관으로 오직 빌 게이츠 만을 위한 민간 기관이다. 그리고, 그는 지난 10년 동안 세계 보건 기구(WHO)를 장악했다. 파이낸셜 타임스 조차도 빌 게이츠 재단을 먼저 거치지 않고는 세계 보건 기구(WHO)가 어떤 결정도 내리지 않는다고 말했을 정도다. 그래

---

51 Children's Health Defense Team. (2021년 2월 8일). *RFK, Jr. Interviews Vandana Shiva: The Gates Empire Will Own Everything*. Peachtree City:The defenders. 2021년 3월 15일에 검색함. https://childrenshealthdefense.org/defender/rfk-jr-interviews-vandana-shiva-gates-empire/

서인지 세계 보건 기구(WHO)는 2019년 1월에 백신 접종을 주저하는 것은 세계 보건에 대한 10가지 가장 큰 위협 중 하나라고 말했다.

2020년 1월에 그가 말했던 10년 동안의 백신의 시대가 열렸다. 코로나 19 팬데믹이 시작된 것이다. 빌 게이츠의 파트너인 미국 전염병 연구소 소장 파우치는 480억 달러(한화 53조 8천800억)의 미 정부 돈을 백신을 추진하는데 투자했다. 게이츠는 매일 TV를 통해 "모든 사람이 예방 접종을 받을 때까지는 봉쇄가 지속되어야 한다."라고 말했다.

로버트 케네디가 빌 게이츠와 백신에 대해 한 말은 이것이 전부다. 변호사인 로버트 케네디는 빌 게이츠로부터 명예 훼손으로 고소당할 말은 한마디도 하지 않았을 것이다. 그러므로 그가 빌 게이츠에 대해 한 말은 전부 사실이라고 봐야 한다. 그런데도 트위터는 백신 관련한 그의 발언을 문제 삼아 계정을 정지해 버렸다.

트위터가 당시 현직 대통령이었던 트럼프의 트위터 계정을 정지시킨 이후 또다시 소셜 미디어가 진보 좌파 환경 전문 변호사이며 미국인이 가장 사랑하는 케네디 가문 출신인 로버트 케네디의 언론 자유를 침해한 것이다. 이렇게 좌우 누구든 글로벌리스트는 백신과 빌 게이츠를 건드리는 사람은 용서하지 않고 있다.

빌 게이츠는 유망한 백신 회사 열 곳 모두에 기부 형식으로 투자를 한 것으로 알려졌다. 그가 원하는 대로 78억 인구 모두가 백신을 맞는다면 가장 큰 이윤을 얻는 사람은 빌 게이츠일 것이다.

빌 게이츠는 2015년에 테드 강의에서 인류의 생존에 가장 큰 위협적인 존재는 전염병이라고 했다. 전염병을 대비하기 위한 전쟁 수준의 방어와 노력이 필요하다고 한다. 그는 이에 대비해 휴대폰과 위성 지도와 백신과 약을 개발할 수 있다고 했다. 이런 첨단 기술을 총동원해서 국제 보건 시스템을 충분히 개선할 수 있다고 했다.

이상하게도 코로나 19가 발생하자 2015년 그가 만든 전염병 예방 로드맵-전쟁 수준의 방어와 노력, 휴대폰과 위성 지도, 백신 등이 유일한 코로나 19 대책으로 받아들여졌다. 백신 전문가도 국제기구 수장이나 국가 정상도 아닌 이재용처럼 기업인에 불과한 빌 게이츠가 전 세계에 지시를 내리기 시작했고 전 세계가 준비된 매뉴얼을 따르듯 군말 없이 그의 지시를 따르기 시작했다.

이상한 것은 많다. 코로나 19는 중국 우한에서 지난 겨울 발생했다. 우한의 실체라는 동영상이 우한으로부터 나오기 시작했다. 동영상에는 길거리에서, 병원에서, 지하철에서 멀쩡해 보이는 사람들이 쓰러져 죽어가는 모습이 담겨 있었다. 우한 전체가 봉쇄되었고 두려움에 가득한 이웃들이 코로나 19 환자가 사는 집 문을 큰 목재를 덧댄 후, 대못을 쾅쾅 두드려 박는 동영상이 올라왔다. 집안에 사는 사람들은 자칫 굶어 죽을 수도 있는 상황이었다. 전 세계는 공포에 질렸다.

기묘하게도 그 후에 코로나 19 전염률 1위가 된 미국이나 영국 등 그 어느 곳에서도 중국처럼 사람들이 병원, 길거리, 지하철, 쇼핑센터 안에서 픽픽 쓰러져 죽지 않았고 중국 우한처럼 대량으로 극단적이고 비극적으로 보이는 상황은 일어나지 않았다는 것이다. 그렇지만 전 세계는 이미 두려움에 휩싸였고 모든 언론과 소셜 미디어는 일사불란하게 빌 게이츠와 WHO의 발언을 기준으로 만들었다. 빌 게이츠와 WHO에 반하는 어떤 의견이나 데이터도 무시되었다.[52]

코로나 19에 대한 강경 대처로 많은 것이 중단되었다. 한동안 전 세계 농부들이 농사를 짓지 못했고 어부들이 큰 배를 타지 못했고 공장 운영이 중단되었고 교회 공예배가 금지되었다. 5인 이상은 모이지도 못하고 수백 만개의 소상공인이 파산을 하고 어린이들이 학교를 가지 못했다.

국가별로 이 문제를 어떻게 해결할 것인지 개별 국가의 국민들과 정치 지도자, 시민 대표들이 투명하게 코로나 19에 관한 자료를 가지고 토론하고 결정해야 맞을 것이다. 그런데, 빌 게이츠가 결정을 내리고 있다. 지구 인구 78억에게 심대한 영향을 미칠 결정을 그가 내리고 있고 로버트 케네디 말처럼 뒤에서 지휘라도 하듯이 일사불란하게 세계가 게이츠를 따라가고 있다.

그는 78억 지구 인류가 백신을 맞을 때까지 전 세계를 봉쇄해야 한다고 말한다. 또 다른 한편으로 빌 게이츠는 테러 조직이 바이러스를 공격에 사용할 수 있다거나 코로나 19보다 10배나 더 악성인 바이러스가 출몰할 수 있다고 말해왔다. 그는 코로나 19 변종이 출몰할 것이라고 협박해 왔다. 코로나 19 악성 변종이 나타나고 다시 봉쇄를 하는 일이 반복되고 그때마

---

[52] ‘MORTALITY ANALYSES’ 2021년 3월 15일에 검색함. https://coronavirus.jhu.edu/data/mortality

다 봉쇄가 진행된다면 결국 전 세계 경제는 빠르게 무너질 것이고 회복하는데 몇십 년이 걸릴 것이다. 아니 회복이 불가능할 수도 있다.

경제 봉쇄가 지속되면 농사도 짓지 못하고 공장도 돌리지 못하고 식당은 문을 닫고 학교도 열 수 없다. 소수의 원격 근무를 할 수 있는 행운의 사람들 외에는 모두 영구 실직자가 될 것이다. 영구 실직을 하면 굶어 죽는 사람들이 지구촌 곳곳에 생겨날 것이다.

빌 게이츠가 그런 끔찍한 말을 하는데 아무도 말리지 않는다. 공포심을 조장하는 과격한 언동을 삼가라고 책망하는 언론 하나 없다. 빌 게이츠가 언론에 뿌린 천문학적 기금이 언론의 입에 자물쇠를 채웠나 보다.

그런데 어찌 된 일인지 전 세계 지도자나 의료 전문 기관조차 다른 대안을 제시하거나 코로나 19를 빠르게 치료할 약을 개발하는 대신 그의 지시에 잠잠히 따르고 있다.

코로나 19 초기에는 치료약 개발에 주력하려는 움직임이 있었지만 결국 백신만이 답이라고 한다.

먼저 바이러스와 백신 개발에 투자하고 대비한 현자이며 탁월한 사업가인 빌 게이츠이기에 전 세계가 그의 지혜를 따르는 것이라고 생각하는 사람에게는 다음과 같은 사실이 진실을 파악하는데 도움이 될 것이다.

세계의 가장 중요한 시민 운동가 중 한 명인 인도의 반다나 시바 박사는 빌 게이츠의 자선 사업에 대해 다음과 같이 말한다. "빌 게이츠는 18개의 아프리카 국가로 가서 무역 농업과 농업에 관한 그의 조언 그리고 그가 제안한 공급망 구축을 받아들이도록 강요했다. 그의 말을 따른 18개 국가 안에서 빈곤이 30% 증가해 1억 1,300만 명이 굶주리고 있고 기아 사망률도 30%나 올랐다."

시바는 로버트 케네디가 빌 게이츠의 이런 악한 행동에 대한 경고를 해왔고 그래서 피해를 줄였다고 말한다. 도대체 빌 게이츠라는 인물의 실체는 무엇일까? 도대체 아프리카에서 무슨 일이 일어난 것일까?

2. 보이는 것이 전부가 아니다. 빌 게이츠 - 그레이트 리셋의 기술사

사진 27. 빌 게이츠 (Bill Gates)

　빌 게이츠는 종종 핑크나 연 하늘색 같은 파스텔 톤 혹은 계절에 맞는 색에 갈색 스웨터를 입고 검은 테 안경을 끼고 등장한다. 게이츠의 목소리는 미성이고 남성적이지 않다.

　그는 트럼프처럼 힘 있어 보이기 위해 어깨를 강조한 의상을 입는다든지, 푸틴처럼 식스팩을 보여주기 위해 웃옷을 벗고 말을 타지도 않는다, 그러나 게이츠의 의상은 푸틴이나 트럼프만큼 철저하게 계산된, 이미지 연출을 위한 도구일 것이다. 빌 게이츠는 어떤 이미지를 연출하기를 원하는 것일까? 푸틴과 트럼프가 권력을 과시하며 상대를 제압하려고 강한 이미지를 보이려고 한다면, 빌 게이츠는 그 반대다. 그가 즐겨 입는 얇은 V

넥 파스텔 톤 스웨터는 부드러움과 적절한 온기를 시청자에게 전해 주기 위한 도구이다. 검은색 뿔테 안경은 그를 탐욕스러운 기업가가 아니라 신뢰할 만한 공학도, 과학자로 보이게 만들어 준다.

언론에 의하면 빌 게이츠는 인류를 구원하기 위해 거대한 재산을 기부해 자선 단체를 만들었다. 그는 백신 개발, 아프리카, 기아 대책 등 인류의 복지와 미래에 헌신하는 자선 사업가이며 미래를 정확하게 예측하는 선구자적인 과학자라는 것이다. 우리는 글로벌리스트가 주류 언론을 소유하고 있으며 주류 언론이 글로벌리스트 어젠다를 한결같이 긍정적으로 다룬다는 사실을 알고 있다.

그가 연출하는 이미지는 사실 그가 가진 가공할 만한 권력을 감추는 도구라고 볼 수 있다. 빌 게이츠 이전에 세계 전체를 향해서 백신을 맞지 않으면 세계 경제를 몰락시키겠다는 무시무시한 발언을 한 인물이 있었던가?

3. 미국 최대 농부가 된 빌 게이츠

팬데믹(코로나 19)으로 모두가 공포에 질려있을 때에 빌 게이츠는 조용히 거대한 농지를 사들여 미국 최대의 농부가 되었다.

빌 게이츠가 조용히 농지와 땅을 사들여 미국 내 최대 농장을 가진 농부가 되었다는 사실에 로버트 케네디는 분노하며 경계심을 보이고 있다. 왜 그런 것일까? 2010년 앞으로 10년 백신의 시대가 올 것이라고 선포하고 2020년 전 세계가 백신을 중심으로 움직이도록 만든 게이츠의 행동 때문이다.

로버트 케네디는 빌 게이츠가 대량 농지를 사들인 의도가 백신 지배를 완성시킨 이후 식량 지배를 완성시키려는 것이라고 의심하고 있는 듯하다. 헨리 키신저는 식량을 통치하는 자가 세계를 통치한다고 했다. 빌 게이츠는 그의 충고를 받아들여 식량 통치를 준비하기 위해 차근차근 준비해 왔다고 로버트 케네디는 의심한다. 실제로 빌 게이츠는 록펠러 재단과 협력하고 있는데 키신저는 데이비드 록펠러의 충복이었다.

미국 최대 농사꾼 빌 게이츠의 농사 전력에 대해 먼저 알아보자. 빌 게이츠는 오랫동안 농사를 지었다. 빌 게이츠가 직접 지은 것은 아니고 아프리카 18개국의 수십만 명의 농부들이 그의 조언과 그가 권하는 씨앗과 비료, 제초제를 사서 농사를 지었다. 그 결과 30% 더 가난해졌고 굶주림으로 죽은 사람들은 30% 더 많아졌다. 도대체 억만장자 빌 게이츠는 왜 항의도 항변도 할 수 없는 힘없는 아프리카인들을 상대로 그런 만행을 저질렀을까?

반다나 시바와 로버트가 게이츠에 대해 분노하는 진정한 이유는 아프리카의 참사는 예상된 결과이기 때문이다.

빌 게이츠는 2010년 2천7백5십만 달러를 투자해 몬산토 주식 오십만 주를 매입했다. 이것은 산업주의 역사상 가장 잔인한 두 독점 기업 사이의 결혼이었다. 마이크로 소프트는 컴퓨팅 시장 점유율의 90 % 이상의 독점을 가졌다. 몬산토는 세계 트랜스 제닉 종자 시장의 약 90%와 대부분의 글로벌 상업 종자를 장악하고 있다. 이처럼 방대한 산업 부문 독점은 게이츠와 몬산토 외에는 존재하지 않는다. 게이츠와 몬산토는 이 악명 높은 독점을 공격적으로 방어해왔다. 몬산토와 빌 게이츠의 결합이 무서운 이유는 세계의 식량을 지배할 수 있는 권력을 이들이 갖고 있기 때문이다. 또한 흥미로운 사실은 몬산토는 2010년 세계 최대 용병 군대인 블랙 워터(Black water, 현재 Xe Services라고 함) 비밀 정보 서비스를 사들였다. 세계 식량에 지배권을 갖고 있는 몬산토는 왜 민간 용병 서비스를 사들였을까? 빌 게이츠는 몬산토의 지분을 사들여 빅 테크, 빅 머니, 빅 푸드의 동맹에 용병까지 거느리게 되었다.

4. 미국 재벌들의 재단의 비밀: 빌 게이츠 재단은 빌 게이츠만을 위한 재단이다

빌 게이츠는 재단은 자신의 사업과 관련이 없다고 말하려고 할 것이다. 실제로는 그 반대다. 게이츠는 기부라는 이름으로 자신의 재단에 그 돈을 기부했다. 빌 게이츠는 재단에 기부한 돈에 대한 전적인 통제권을 갖고 있다. 2,000년까지 빌 게이츠는 무자비하게 경쟁자를 제거하고 무료였던 소프트 프로그램 사용을 유료로 만든 탓에 악명이 자자했다. 1999년 미국 법정은 빌 게이츠를 반 독점법 위반으로 기소했다. 소송에서 진 빌 게이츠는 20세기 초 록펠러가 반 독점법에 패소했을 때 사용한 방법을 써서 빠져나갔다. 즉 막대한 돈을 기부해서 재단을 세워 이미지를 좋게 만들어 여론전을 펴서 법원을 무력화시키는 것이다. 빌 게이츠는 비영리 재단을 세웠는데 그의 전략은 유효했고 게이츠는 마이크로 소프트를 분할 해체하지 않아도 되었다. 여기에는 또 하나 숨겨진 반전이 있다.

영화 '세상에 그 많은 돈'(All The Money In The World)은 한때 세계 최고 부자였던 폴 게티의 손자 납치 사건이라는 실화를 바탕으로 만든 영화이다. 영화 중에서 손자가 할아버지 게티에게 어떻게 부자가 될 수 있는지 묻는다. 폴 게티는 비밀은 재단에 있다는 답을 한다. 재단을 통해서 합법적으로 세금을 내지 않고 부를 증식시킬 수 있다는 것이다.

비영리 재단에 돈을 기부하면 세금을 내지 않아도 된다. 재단 기금으로 빌 게이츠는 자신의 유익과 관련 있는 백신 관련 제약 회사, 종자 은행, WHO에 기부한 후 거대 기부자로 영향을 끼쳐 사익을 실현해왔다. 언론에도 막대한 기부를 해 언론의 입을 막아왔다. 그뿐 아니다. 재단에 대한 운영권은 상속될 수 있기에 재단은 자자 손손 부를 지킬 수 있는 방법이기도 하다.

록펠러 재단, 포드 재단, 소로스의 비영리 재단(오픈 소사이어티), 빌 앤 멜린다 재단 등은 글로벌리스트를 지지하는 진보 좌파 기관에 기부를 해서 자신들을 지키는 용병을 길러낸다. 록펠러 재단, 카네기 엔다우먼트, 포드 재단은 미국 아이비리그에 거대 기부를 통해 갖게된 영향력으로 대학을 진보 좌파화 시켰다. 진보 좌파를 지지하는 교수들에게 후한 연구 기금, 언론에 언급과, 학술지에 게재될 기회, 진급 등 을 보장해 준 결과 현재, 미국 대학 교수의 90%가 극좌파에서 진보 좌파이다.

글로벌리스트는 재단을 통해 실속과 명성을 얻는다. 글로벌리스트의 검은 비밀 중 하나가 그들이 만든 비영리 재단이다. 세금은 가난한 사람이나 내지 글로벌리스트 같은 부자는 내지 않는다. 글로벌리스트의 돈은 세금을 내지 않는 비영리 재단에 들어가 있거나 꽁꽁 숨겨져 있기 때문이다. 그래서 빌 게이츠, 워렌 버핏은 걸핏하면 세금을 올리자, 부자가 더 내야 한다는 말을 한다.

*빌 게이츠의 '뉴 그린 에볼루션'은 인구 감축 프로그램인가?

빌 게이츠는 록펠러 재단과 함께 아프리카를 위한 '그린 에볼루션'이라는 프로젝트를 진행시켰다. 록펠러 재단이 해온 그린 에볼루션이라는 프로젝트를 아프리카에 적용한 것이다. 언론이 감추고 있는 진실은 록펠러의 그린 에볼루션으로 인도에서 30만 명의 농부가 자살했다는 사실이다.

900여 명의 과학자, 농업 경제 학자 및 연구원들이 기아 문제를 연구하고 보고서를 냈다. 그 보고서에 의하면 게이츠의 그린 에볼루션이나 GMO는 기아 문제를 해결하지도 못한다. 오히려 토양 오염, 물 오염, 과대한 물 사용 등을 통해 환경 문제를 일으킨다. 이것이 세계 최대 자선 사업가로 알려진 빌 게이츠의 수많은 어두운 면모 중에 하나이다.

*인류의 보물 종자를 사유화한 빌 게이츠
　1979년부터 세계은행의 후원 하에 국제 농업 연구 자문 그룹(CGIAR)은 전 세계의 소규모 농민들로부터 최고의 종자를 수집해 공공 종자 은행을 만들어 보존해 왔다. 인류의 미래를 위해 수천 년 동안 자연과 인류가 협동해서 만들어낸 작물 다양성을 보존해 놓기 위해서였다.

　그런데 빌 게이츠는 국제 농업 연구 자문 그룹(CGIAR)에 2003년부터 록펠러 재단과 함께 7억 2천만 달러를 후원했다. 그리고 종자 은행의 최고 기부자가 되어 큰 영향을 행사할 수 있게 된 빌 게이츠는 '게이츠 Ag One'(The Bill & Melinda Gates Agricultural Innovations LLC)을 시작했다. 게이츠는 종자 은행의 씨를 칼길이나 베이어 같은 거대 제약, 농업 관련 기업으로 이전시키는 일을 조율했다. 그렇게 그는 세계의 농부들이 아끼고 가꿔온 씨앗을 착취하고 약탈하고 공공 기관을 민영화시켜 사유화했다.

*오직 GMO만 원하는 게이츠
　농부만 비싼 GMO 씨앗과 GMO 제초제에 희생되는 것이 아니다. 어쩌면 가장 큰 희생자는 우리이다. 한국은 아직 GMO 씨앗이 허가되어 있지 않지만 GMO 기반 식품은 세계 제1 수입국이다. 한국이 GMO 식품을 수입한 년도부터 어린이 자폐율, 소화 기관 암 발생률이 급속도로 늘더니 마침내 세계 1위가 되었다. GMO 음식 섭취와 이런 질병과의 관계는 이미 잘 알려진 사실이다. 그러나 게이츠는 GMO만을 원한다.

천연 씨앗은 로열티를 받을 수 없기 때문이다. 게이츠는 인류의 유산인 종자의 유전자를 분석하고 유전자 가위로 일부분을 잘라 붙여서는 특허를 내고 그 종자를 이용해 돈을 벌려고 한다. 유전자 조작은 복잡하고 오묘한 생명과 자연 질서를 해쳐 우리가 상상치 못한 해를 가져올 수 있기에 매우 조심해야 하지만 빌 게이츠는 개의치 않는다.

2020년 코로나 19 봉쇄로 정신이 없는 사이에 빌 게이츠는 여러 경로와 사업체를 동원해 은밀하게 미국 18개 주에 걸쳐 있는 약 1,092 제곱 킬로미터의 토지를 구매했다. 참고로 부산에서 서울까지 거리가 약 400킬로미터이니 얼마나 많은 땅을 산 것인지 감이 올 것이다. 게이츠는 2030년까지 세계 식량을 다스리려고 하는 것 같다.

5. 빌 게이츠와 짐승의 표

IBM이 발명한 모든 바코드는 666이었다. IBM의 발명가 조지 조셉 로러에게 이에 대해 질문을 받았을 때 그는 이렇게 대답했다. "우연의 일치일 뿐이다."

많은 기독교인이 바코드가 요한 계시록에 나오는 짐승의 표 666이라고 말했다. 그러나 수십 년 동안 바코드가 안전하게 사용되면서 그런 논란은 잦아들었다. 사람들은 컴퓨터와 666을 연결시키는 사람들을 향해 또 허망한 소문을 만들어 낸다고 비난을 한다. 그러나 정말 그럴까?

빌 게이츠 재단의 자금 지원을 받아 MIT는 스마트폰으로 모니터링할 수 있는 양자 점 잉크 프로젝트를 개발했다. 그리고 2020년 세계 특허를 받았는데 특허 넘버는 #2020/060606이다. 이것도 우연인가?

빌 게이츠의 디지털 면역 여권 ID 2020(디지털 신분증, 백신 접종 정보)
MIT의 연구자들이 양자 점들이라고 불리는 형광 나노 입자들을 사용하는 미세 바늘 플랫폼을 만들어 냈는데, 그것은 백신을 배달하고 동시에 백신 접종 기록을 피부 속에 직접 보이지 않게 암호화한다. 양자 점들은 특별히 장착된 스마트폰으로 감지될 수 있는 근적외선을 방사하는 나노 크리스털로 구성되어 있다. 그 플랫폼을 사용하는 시험들은 인간 피부 샘플들에 배달된 양자 점들이 햇빛에 5년 동안 노출된 것과 비슷한 광 퇴색 과정 후에도 여전히 감지되었고, 쥐들에 시험되었을 때는 9개월까지 감지

되는 것을 보여주었다. 여기서 사용되는 효소는 '루시퍼레이즈(luciferase)'라고 불린다.[53]

MIT 엔지니어들은 백신과 함께 마이크로니들 패치에 의해 전달되는 양자점 염료를 사용하여 피부 아래에 의료 정보를 저장하는 방법을 개발했다. 육안으로는 보이지 않는 염료는 나중에 특수 개조된 스마트폰을 사용하여 읽을 수 있다.

ID2020는 시민의 인권과 자유에 심각한 문제 초래-개발자 사임

ID2020 기술 자문 엘리자베스 르니에리스 다음과 같은 이유를 말하며 사임했다. "시민들의 인권과 자유에 심각한 문제를 초래할 것이다. 누가 개발하는지에 따라 심각한 취약성이 생겨난다. 이 문제에 블록체인이 적절하지 않은데도 억지로 끼워 맞추고 있다." 르니에리스는 바이러스에 항체가 있다는 걸 증명하는 면역 증서 도입이 사람들의 프라이버시, 집회 결사 및 이동의 자유를 침해할 수 있다고 주장했다. 그러나 그들은 결국 디지털 신분증을 만들 것이다. 코로나 19로 안되면 더 한 바이러스 질병을 일으켜서라도 전 인류를 협박해 디지털 신분증을 만들 것이다.

목표는 현금을 없애는 것이라고 하지만 결국은 짐승의 표가 될 것이다

---

53 Karen Weintraub. (2019년 12월 18일). *'Invisible Ink Could Reveal whether Kids Have Been Vaccinated'* New York:Scientific American. 2021년 3월 15일에 검색함. https://www.scientificamerican.com/article/invisible-ink-could-reveal-whether-kids-have-been-vaccinated/

세계 백신 면역 연합(GAVI), 서아프리카에서 백신과 디지털 생체 인식 식별 기능을 결합한 AI 기반 '트러스트 스탬프(Trust Stamp)' 출시할 예정이다. 게이츠 재단이 자금을 대는 GAVI(G: 세계 백신 면역 연합)와 마스터 카드의 제휴로 새로운 생체 인식 식별 플랫폼이 서아프리카에서 곧 출시될 예정이다.

신용 회사인 마스터 카드와 백신 연합 그리고 AI 기반 스탬프가 함께 생체 인식 플랫폼을 개발했고 스마트폰이 없는 서아프리카 오지에서도 몸에 문신처럼 새겨진(스탬프를 찍어 현금 없이 물건을 사고팔 수 있게 만들 것이라는 것이다) 스탬프 안에는 백신 접종 여부, 생체 정보, 디지털 통화와 신용 정보 등이 들어있을 것이고 결국에는 짐승의 표가 될 수 있을 것이다.

아프리카 오지에서도 추적이 가능하니 모두가 글로벌리스트에게 추적 당할 수 있게 되었다. 곧 요한 계시록에 나오는 짐승(자신을 신으로 높이는 히틀러 같은 전 세계적인 지도자)이 나타나면 자신을 경배하고 자신의 사탄적인 시스템을 받아들이지 않는 사람들은 팔지도 사지도 못하게 할 것이다.

디지털 잉크로 피부에 스며드는 사람 눈에 보이지도 않는 작은 문신을 일종의 형광 문신을 만드는 것이다. 이런 디지털 카드를 만드는 잉크에는 루시페리언이라는 효소를 사용한다.

6. 빌 게이츠는 왜 태양을 가리려고 들까? 빌 게이츠 때문에 소빙하기가 올 수도 있다

캘거리에 본부를 둔 과학회(Friends of Science Society)는 하버드 대학교가 태양을 차단하기 위해 게이츠와 함께 하늘에 에어로졸을 뿌려 '켐트레일(Chemtrail)'을 만들어내는 프로젝트를 중단할 것을 요구하는 보도 자료를 발표했다.

인간이 초래하는 지구 온난화에 대응하기 위해 '구름'을 만들어 '태양광 조광(solar dimming)'을 만들어 낼 것이라고 빌 게이츠는 말한다. 과학자들은 한번 '태양광 조광(solar dimming)'이 발생하면, 절대 되돌릴 수 없다. 나사에서 상을 받은 로이 스펜서 박사는 해결해야 할 기후 비상사태가 없으니 태양광 흐리게 하기 같은 극단적인 조치를 취할 필요가 전혀 없다고 말한다.

지구온난화를 믿는 기후 과학자들조차 '태양광 조광(solar dimming)'에 반대하며 '온난화'보다 훨씬 더 끔찍한 영향을 미칠 것이라고 경고하고 있다.

태양광 조광(solar dimming)은 대규모 화산 폭발의 영향을 일부 재현할 수 있으며, 종종 농작물 수확을 파괴한다.

즉, 태양 활동이 자연적으로 약해지고 있다면서 거기에 인공적으로 태양빛을 가린다면 세계의 식량 생산 능력에 재앙적인 영향을 미칠 것이다.

중단시키지 않으면 게이츠의 '태양광 조광' 프로젝트는 돌이킬 수 없는 해를 끼칠 것이다. 한번 살포된 화학 물질들은 하늘에 무기한으로 남아있을 것이고, 제거가 불가능할 것이며 결과적으로 엄청난 규모의 기후 위기를 실제로 만들어 낼 것이다. 장기적인 인구 통제와 세계 경제 파탄을 사람들이 받아들이고 글로벌리스트에 저항하지 않게 하려면 사람들이 고분고분 그들을 따라오게 만들 위기가 필요하다. 전 지구를 멸망시킬 정도의 메가톤급의 거대한 위기여야 한다.[54]

---

54 Ethan Huff. (2021년 1월 22일). 'Hundreds of climate scientists demand immediate end to Bill Gates' genocidal "solar dimming" project'. Natural News. 2021년 3월 15일에 검색함. https://www.naturalnews.com/2021-01-22-scientists-demand-end-bill-gates-genocidal-solar-dimming.html

7. 설국열차가 진실이었나?

마이너리티 리포트, 헝거 게임, 좀비, 샘슨 패밀리 같은 미국 할리우드 영화는 미래에 나올 기술이나 사회 현상을 매우 정확하게 예측하고 있다. 그 이유가 영화 시나리오 쓰는 작가들이 전문가, 과학자, 미래 학자의 도움을 받아서 시나리오를 쓰기 때문이라고 한다.

봉준호 감독이 만든 설국열차는 원작이 프랑스 애니메이션이다. 설국열차는 프랑스 원작답게 글로벌리스트의 미래 계획을 연구한 후 쓴 시나리오를 바탕으로 만들어진 것이라고 추측할 수 있다. 설국열차의 줄거리를 간략하게 소개하면 다음과 같다. 지구온난화가 진행 중에 과학자들은 온난화를 낮춰 기온을 조절할 수 있는 기술을 개발하였다. 그리고 그 기술을 실행하는 그날, 지구에는 누구도 살 수 없는 빙하기가 도래한다. 살아남은 사람들은 노아의 방주 같은 기차를 타고 눈 덮인 지구를 계속 달린다. 기차는 철저하게 계급 사회이다. 부유층들은 앞에 나무까지 심긴 쾌적하고 아름다운 칸에서 살고 있다. 가난한 사람들은 빈민촌 같은 꼬리에서 물도 먹을 것도 부족한 비참한 삶을 산다. 그들이 먹는 단백질 블록 바는 바퀴벌레를 갈아서 만든 것이었다는 사실이 드러난다.

빌 게이츠는 지구촌의 식량을 통치하려고 한다, 빌 게이츠는 앞으로 가축을 기르지 못하도록 할 것이다. 선진국에서는 합성고기, 인조고기를 먹겠지만 아프리카 같은 가난한 국가에서는 대체 고기도 비싸서 먹지 못할 것이다. 닭, 양, 염소, 소를 길러 이들의 배설물은 비료로 쓰고 이들이 주는 달걀, 밀크를 먹고 있는 아프리카에서 법으로 닭, 양, 염소, 소를 기를 수 없게 만든다면 아프리카 사람들은 단백질을 어디서 섭취하게 될 것인가? 빌 게이츠에게는 다 생각이 있다.

게이츠는 자신의 사업장에서 만들어낸 합성고기를 사 먹을 여력이 없는 아프리카 사람들에게 판매할 곤충 음식을 개발하고 있다. 빌 게이츠가 투자한 곤충 식품 회사는 쓰레기 더미 위에서 굼벵이를 기른다로 한다. 설국 열차에서 가난한 사람들에게 글로벌리스트가 먹인 바퀴벌레와 다를 바가 없지 않은가?[55]

설국열차가 만들어진 2013년도에는 글로벌리스트가 지구 온난화로 지구 종말이 임박했다고 했다. 그러나 2015년에 기상학자들은 지난 15년 간 지구 기온이 달라지지 않았다는 진실을 직면해야 했다. 글로벌리스트는 편리하게 지구온난화라는 용어를 버리고 기후 변화라는 단어를 사용하고 있다.

---

55 Children's Health Defense Team. (2021년 2월 8일). 'RFK, Jr. Interviews Vandana Shiva: The Gates Empire Will Own Everything'. Peachtree City:The defenders. 2021년 3월 15일에 검색함. https://childrenshealthdefense.org/defender/rfk-jr-interviews-vandana-shiva-gates-empire/

8. 빌 게이츠의 기후 변화 주장이 사기인 이유

A review of Bill Gates New Book How to avoid a climate disaster(2)

노벨 수상자를 포함한 과학자 800명이 기후 변화에 관한 진실을 밝히기 위해 설립한 클린텔이 빌 게이츠의 신간 『기후 재앙을 피하는 방법』을 반박한다. 창조론을 주장하는 기독교 과학자는 학계에서 설 자리를 잃어버리고 박해를 받는다. 기후 변화 재앙론을 의심하는 클린텔 소속 과학자들도 글로벌리스트의 박해를 받아 많은 손해를 본다. 그럼에도 양심 있는 과학자들은 기후 변화 재앙론이 허구라고 반박하고 있다.

팬데믹(코로나 19)이라는 명분만으로는 봉쇄와 마스크, 손 씻기, 원격 근무 정도의 변화 밖에는 강제할 수가 없다.

글로벌리스트가 원하는 세계 단일 사회주의 체제를 만들어 가려면 모든 것이 변해야 한다. 글로벌리스트는 기후 위기를 지금 다루지 않으면 30년 후 지구는 존재하지 못할 수 있다는 명분을 내세워 전체주의적인 독재를 하려고 한다. 글로벌리스트의 계획이 성공한다면 지구촌 시민들은 직업도 자유도 사유 재산도 없이 하루에 1-10달러로 먹고살아야 한다.

이제, 글로벌리스트는 점차 기후 변화를 전면적으로 내세우기 시작했다. 그들이 말하는 대로 지금 기후 변화에 대처하지 않으면 인류는 궤멸적 재난을 당하게 될 것인가? 그들의 주장은 어느 정도가 사실인가를 클린텔(기후변화에 대한 진실을 알리는 노벨 수상자, 교수 등이 포함된 과학자

800여 명의 모임)에서 검증했다. 다음의 글은 그 자료를 바탕으로 구성하였다.

빌 게이츠는 방금 새로운 책, 『기후 재앙을 피하는 방법』을 출간했다. 그는 책에서 '온난화를 막고 기후 변화의 최악의 영향을 피하려면 — 인간이 대기로 온실 가스 배출을 더 이상 배출하지 말아야 한다'고 주장하고 있다. 빌 게이츠는 정부는 개인이든 기후 변화에 대처하기 위해 전적으로 협조하지 않으면 수십 년 내에 지구가 재앙을 맞게 될 것이라고 경고한다.

빌 게이츠

주장 1. 1장에서 게이츠는 이산화탄소 배출량을 제로화시켜야 하는 이유로 오늘날 배출되는 이산화탄소의 20%가 10,000년 후에도 여전히 대기 중에 있기 때문이라고 주장한다.

반박 1. 사실이 아니다. 대기 중 화석 연료 CO_2의 평균 수명은 4~5년이고 CO_2 배출의 반감기는 3.5년에 불과하다.(Poyet, 2020, pp. 20-21)

주장 2. 1장 후반부, 게이츠는 온실 가스 배출이 30~50년 내에 기후 재앙으로 이어질 것이라고 생각하는 이유를 설명하고 있다. 그는 기온이 2050년에는 1.5~3도, 21세기 말에는 4~8도 상승할 것이라고 믿는다.

반박 2. 그는 단위를 명시하지는 않았지만 아마도 화씨를 의미하는 것 같다. 게이츠는 기후 과학을 논할 때 정확하지 않다. 저자는 게이츠가 과학을 깊이 연구하지 않았다는 인상을 받는다. 이 주제에 대한 그의 지식은 매우 피상적으로 보인다.

주장 3. 다음 세기에 걸쳐 기온이 따뜻해지면 더 극심한 날씨 변동, 더 많은 가뭄, 더 많은 홍수 등이 일어날 것이라는 틀에 박힌 분석을 하고 있다.

반박 3. 날씨는 지금까지 극심하게 변동하지 않았고 가뭄과 홍수도 더 심해지지 않았고 그 강도가 오히려 약해졌다는 것은 잘 알려진 사실이다.

주장 4. 게이츠는 지구 온난화가 해수면을 상승시키고, 이것이 대재앙을 일으킬 것이라고 믿는다.

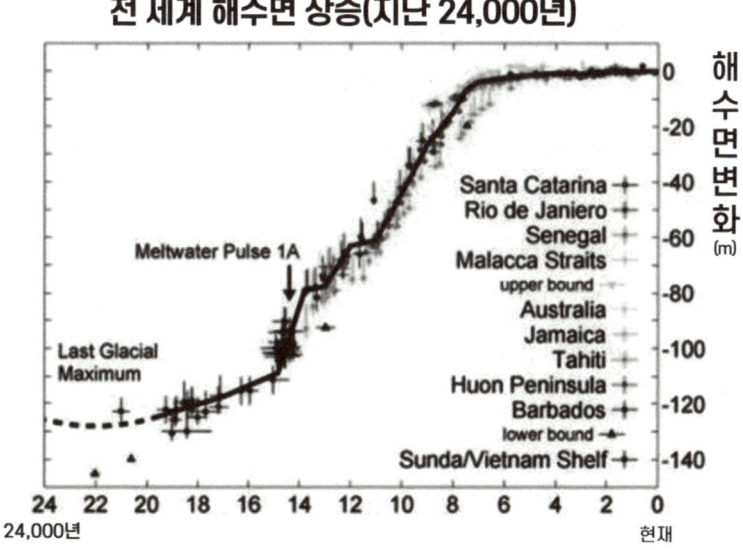

표 5. Robert Rohde의 지난 24,000년 동안의 해수면 변화
(Figure 5. Sea level change for the past 24,000 years by Robert Rohde)

반박 4. 표 5에서 볼 수 있듯이, 해수면은 문명이 시작된 이후 상승하

고 있다. 그림 1에서 해수면의 상승 속도가 과거에 훨씬 더 빨랐으며 오늘날에는 연간 약 2~3mm 또는 세기 당 1피트 (30cm) 미만으로 상당히 완만함을 보여준다. 해수면의 변화는 지구 역사 전반에 걸쳐 발생했으며 항상 일어날 것이다. 인간은 항상 성공적으로 적응해 왔으며 앞으로도 충분히 적응할 것이라고 기대할 수 있다.

주장 5. 온도 상승과 CO_2 증가는 동물과 식물의 지리적 생존 범위를 제한하고 식량 생산을 감소시킬 것이다. 그는 앞으로 기후 변화 등으로 전반적인 식량 생산량이 줄고, 재배 기간도 줄어들어 결국, 식료품 가격이 상승할 것이라고 생각한다.

반박 5. 사실은 그 반대다. 순수 1차 식물 생산성은 1961년 이후 20% 이상 증가했다. 이러한 생산성 향상의 70%는 더 많은 CO_2로 인한 것이며 나머지는 경작지의 증가와 고온으로 인한 더 긴 재배 기간 때문이다.

크레이그 이소 박사는 이로 인한 생산성 증가로 세계 경제에 3조 2천억 달러가 더해졌다고 계산했다. 이러한 증거는 게이츠와 그의 자료 출처인 IPCC나 유엔 정부 간 기후 변화위원회(United Nations Intergovernmental Panel on Climate Change)가 진실과 반대인 수치를 가지고 있다는 것을 말해준다.

주장 6. 물고기와 동물들은 자연에서 일어나는 것과는 반대로 따뜻한 온도에서 덜 생산적인 것이라고 말한다.

반박 6. 물고기와 동물은 여름의 따뜻한 시기보다 추운 계절과 겨울에 덜 생산적이다. 연구에 따르면 북반구와 남반구의 어류와 동물의 경우 겨울보다 여름에 더 생산적이다(Sigman, 2012).

주장 7. Gates는 IPCC 컴퓨터 시뮬레이션에 의해 예측된 수많은 재앙을 나열한다.

반박 7. 그는 데이터를 무시하고 미래에 일어날 일에 대한 컴퓨터 시뮬레이션에만 의존하고 있다. 그가 의존하는 IPCC 시뮬레이션은 컴퓨터 기후 모델의 결과물을 제공받았다. 컴퓨터에서 출력된 모델을 사용해서 게이츠는 미래에 어떤 일이 일어날 것인지 설명하고 있다. 주변의 모든 데이터는 그 반대를 말하고 있지만 그는 오직 출력 모델을 믿는다. 빌 게이츠와 같은 영리한 사람들이 컴퓨터 시뮬레이션을 현실과 혼동하는 것은 불행한 일이다.

IPCC에서 사용하는 기후 모델이 관측치와 일치하지 않는다는 것은 잘 알려져 있다. 사실, 로스 맥키트릭(Ross McKitrick)과 존 크리스티(John Christy)는 중부 열대 대류권에서 중요한 테스트에 실패했음을 보여주었다.[56]

클린텔의 빌 게이츠의 책에 대한 반박의 후반부는 이 책의 마지막에 별첨해 놓았다.

클린텔의 결론(Concluding remarks)

빌 게이츠는 분명 똑똑한 사람이고, 마이크로소프트를 만들었고 위대한 혁신가였다. 하지만 이 책은 실망스럽다. 게이츠는 기후 과학을 공부하

---

56 May.A. (2021년 2월 17일). *A review of Bill Gates' New Book "How to avoid a climate disaster"*. Amsterdam:Clintel. 2021년 3월 15일에 검색함. https://clintel.org/a-review-of-bill-gates-new-book-how-to-avoid-a-climate-disaster/

지 않은 것이 분명하며 IPCC 보고서와 모델이 정확하다고 추측할 뿐이다. 그는 기후 모델을 바탕으로 만들어진 그들의 전망을 받아들였다. 그는 실제로 이러한 모델이 실효성이 있는지는 확인하지 않았다. 만약 그가 사업을 이렇게 운영했다면, 성공하지 못했을 것이다.

그는 기후 과학에 대한 합의된 입장을 맹목적으로 받아들인 후, 그가 가정한 기후 변화의 재앙에 맞서기 위해 우리가 무엇을 해야 하는지 우리에게 설명한다. 나중에 세계 정부에게 단결하여 우리에게 그가 원하는 것을 강제하라고 간청한다.

빌 게이츠는 세계 각국의 정부에게 연합하여 자신이 국가들에게 원하는 것을 하도록 강요할 것을 간청한다. 클린텔 저자의 의견에는 빌 게이츠는 복잡한 주제를 매우 얕게 생각한다. 이 책은 진지한 책이라기보다는 선전용 팸플릿에 가깝다. 빌 게이츠는 다음에 책을 쓸 때는 과학적 진실에 그가 사용하는 데이터와 이론이 맞는지 먼저 숙지해야 한다. 이 책은 **추천**하지 않는다고 클린텔은 결론을 내리고 있다.

기후 변화 재앙론자들이 결코 말하지 않는 진실

9. 기후 변화 관련 거짓과 진실

CRACKING BIG GREEN : TO SAVE THE WORLD FROM THE SAVE-THE-EARTH MONEY MACHINE

과학의 압도적인 판단.
1. 과학자들 중 소수가 글로벌리스트의 기후 변화 재앙론에 동조하고 있다.

기후 변화와 전쟁을 해야 한다고 외치는 빌 게이츠와 같은 자들은 '과학자의 97%가 지구가 온난화되고 있으며 인간 활동이 지구 온난화에 영향을 끼친다'고 주장한다. 그러나 여러분은 그런 그들의 주장은 2010년 10,257명에게 보낸 조사에서 선정된 77명의 '기후 관련 과학자' 중 75명의 의견에 근거한 것이라는 사실을 알아야 한다. 그 설문 조사에 참여한 다른 10,180명의 과학자는 어떤 의견을 갖고 있는지에 대해서는 빌 게이츠나 앨 고어 같은 사람들은 말해주지 않는다.

빌 게이츠 류의 사람들과 주류 언론은 3만 1천 명의 미국 과학자들과 1천여 명의 국제 기후 과학자 및 미국 전문 기상학자의 48%는 인간이 위험한 지구 온난화나 기후 변화를 일으키고 있다는 설득력 있는 증거가 없다고 말하고 있지만 이들의 의견은 무시한다.

2. 산불은 실제로 15% 감소했다.
격렬한 화재. 현실 세계에서 산불은 항상 우리와 함께 있었지만 1950년 이후 산불은 전 세계적으로 15% 감소했다고 국제 과학 아카데미(National Academy of

Sciences)는 보고한다. 감소한 이유는 작은 화재가 번지는 것을 막고자 산림을 울창하게 하지 않는 산림 관행과 활발한 소방 프로그램 때문이다. 환경 주의 로비가 많은 곳에서는 2가지 모두를 불법으로 만들었다. 이러한 곳에서는 나무들이 밀집되어 자라면서 번개나 모닥불에 점화된 이후 폭탄처럼 폭발하게 된다. 2019년 캘리포니아의 산림 화제의 원인일 것이다.

3. 극심한 가뭄은 없었다

극심한 가뭄에 관해 2012년 11월 네이처지에 발표된 한 연구에서는 '지난 60년간 지구촌 가뭄에 거의 변화가 없었다'는 헤드라인을 장식했다. 동시에, 철도 기관사 R.K. 파차우리 씨는 카타르 도하에서 열린 2012년 유엔 기후 변화 회의 연설에서 본질적으로 같은 말을 했다.

4. 강력한 폭풍의 숫자도 증가하지 않았다.

강력한 폭풍인 '윌마'는 이 책이 출간되기 8년 이상 전인 2005년에 발생했다.

강력한 폭풍의 경우 총 에너지('누적 사이클론 에너지')로 측정되는 전 지구적 허리케인 전력은 1970년대 이후 실제로 낮은 수준에 있다. 사실, 미국은 현재 100년 이상 만에 가장 오랫동안 심각한 허리케인이 없는 것을 경험하고 있다. 마지막 3등급 또는 더 강한 폭풍인 윌마는 이 책이 출판되기까지 8년여 전인 2005년에 발생했다.[57, 58]

---

[57] Arnold. R., Driessen. P. (2018). *CRACKING BIG GREEN : TO SAVE THE WORLD FROM THE SAVE-THE-EARTH MONEY MACHINE*. Northwoods Studio. Kindle Location. 408.
[58] Friends of Science. (2020.2.1) *Davos Depopulation and Climate Crisis Talk is Disturbing and Inaccurate*. 2021년 3월 15일에 검색함. https://youtu.be/rQ-Fk2x9vY8

출처: 폴 아놀드와 폴 드 리센은 CFACT라는 싱크탱크와 함께 저술한 『빅 그린을 해독하기(Cracking Big Green)』에는 이들의 주장을 뒷받침하는 과학적 자료들이 올려져 있지만 글로벌리스트와 주류 언론은 이러한 자료가 대중에게 알려지지 않도록 막고 있다.

7

코로나 19는
시작일 뿐
경제 몰락이
오고 있다

... 7부

기후 변화로
**신세계 질서를
완성시킬 것**이다

7부

기후 변화로
신세계 질서를
완성시킬 것이다

　빌 게이츠는 천재로 어려서 멘사의 멤버가 되었다. 그의 아이 아이큐는 160이다. 그는 하버드대 재학 중 마이크로 소프트를 창업했고 31살에 억만장자가 되었다. 그는 어려운 책도 한 시간 안에 읽고, 그 책의 내용 90%를 기억한다고 알려져 있다. 그런 빌 게이츠가 클린텔이 폭로한 것처럼 어설픈 책을 쓴 이유는 무엇일까? 정말 그가 제대로 자료 조사를 하지 않았거나 기후 변화에 대해 잘못 이해하고 있기 때문에 그런 책을 쓴 것일까? 빌 게이츠는 정보 수집하고 확인하고 이해하는 능력이 세계 최고 수준의 천재이다. 그런 그가 이러한 허접한 책을 쓴 이유는 무엇일까?

　기후 운동은 모두 최상위 백인 글로벌리스트가 주도해 왔다.

　이산화탄소 때문에 전 지구적인 재앙이 올 것이라고 경고해온 글로벌리스트 진보 좌파 인사의 족보는 찬란하다. 거의 빌 게이츠 급의 인물들이 1970년대부터 이산화탄소 지구 멸망론을 외쳤다. 20세기 중반부터 그림자 정부를 뒤에서 주도했던 데이비드 록펠러는 당시에 빌 게이츠 같은 인물이었다. 데이비드 록펠러는 1974년, 매년 출판하는 록펠러 리포트(22쪽)에서 기온이 떨어지는 흐름이 지속될 것이라고 했다.

1970년 '지구의 날' 글로벌리스트에게 사주당한 많은 환경 기후전문가들은 '소 빙하기'가 온다고 경고했다. 70년대에 전 세계 언론(한국 언론 포함)에서 연일 석유와 석탄에서 나오는 이산화탄소 때문에 소 빙하기가 다가온다는 보도를 했던 것을 기억하는 사람들이 있을 것이다.

1976년 진보 좌파 대통령 지미 카터는 백악관에 태양광 패널을 최초로 설치했고 과격한 인구 감축을 하지 않으면 2000년대에 지구는 멸망할 것이라고 했다.

그러더니 빙하기가 온다고 요란을 떨던 환경 기후 전문가들은 1980년대에는 같은 입으로 글로벌 워밍(온난화)이 온다고 주장하기 시작했다.

1. 불편한 진실

2006년 빌 클린턴 행정부에서 부통령을 했던 앨 고어는 '불편한 진실'이라는 영화를 통해 온난화가 불러올 재앙을 다음과 같이 경고했다.

주장 1. 2004년부터 다가오는 10년 이내에 북극의 얼음이 녹아 없어져 북극곰이 사라질 것이다.
사실 1. 2014년에 북극의 얼음은 2004년보다 두꺼워졌다.

주장 2. 10년 이내에 킬리만자로 산의 눈이 사라질 것이다.
사실 2. 지금까지 킬리만자로의 눈은 사라지지 않았다.

주장 3. 더 강한 폭풍이 올 것이다.
사실 3. 2006년이래로 폭풍이 더 많이 불거나 더 강하게 분 것은 아니다. 2006년 이후로 독일 보험 회사가 폭풍 피해에 대해 보상한 비용은 그 전보다 증가하지 않았다.

1970년대 이후로 데이비드 록펠러, 찰스 황태자, 지미 카터, 앨 고어까지 이르기까지 당대 가장 화려하고 각광받는 글로벌리스트 진보 좌파가 기후와 관련해서 당장 대책을 세우지 않으면 10년 내에 혹은 20년 내에 지구는 멸망하거나 돌이키지 못할 만큼 망가질 것이라고 말해왔다. 우리가 알아야 할 정말 불편한 진실은 글로벌리스트가 기후를 거대한 비즈니스로 만들어왔다는 사실이다.

어떻게 앨 고어는 기후 변화로 그 많은 돈을 벌었을까?

앨 고어는 빌 클린턴 행정부에서 부통령을 지냈다. 앨 고어가 클린턴 행정부에서 가장 힘을 쓴 것은 기후 변화였다. 그는 미국 행정부가 어젠다 21을 모든 정책 결정에 적용하도록 만들었다.

앨 고어는 그 후에도 정치인 중에 가장 적극적으로 기후 변화 운동을 주도했다. 2006년에는 '불편한 진실'이라는 환경 영화를 만들기도 했다.

엘 고어의 기후 관련 예측은 빗나갔다. 그런데 그가 부통령직을 그만둔 2000년 당시 170만 달러였던 그의 재산은 기후 변화 운동을 주도하면서 2021년에는 3억 3천만 달러로 늘어났다. 도대체 기후 운동으로 어떻게 그 많은 재산을 모을 수 있는 것일까?

2. 카지노보다 수익성 좋은 기후 변화?

미국 헤리티지 파운데이션(Heritage Foundation) 자료에 따르면 미국뿐 아니라 전 세계 국가의 정부가 '기후 산업'에 엄청난 재정을 지원하고 있다. 전 세계적으로 살펴보면 재정 지원 규모가 거대하다.

2013년, 기후 정책 이니셔티브(Climate Policy Initiative)라는 좌파 단체는 2013년에 '기후 변화에 대한 글로벌 투자'가 3,500억 달러 (350,000,000,000달러) / 388조 2,900억 06원 (388,290,000,000,000.06원)에 도달했다는 연구를 발표했다. 사실 기후 개발 관련한 투자가 아니라 기후 개발 관련해서 미국 등 전 세계 국가들이 납세자 세금으로 좌파 기후 단체에 주는 돈이 388조 원이 넘는 것이다. 그런데도 소위 지구를 구하겠다는 이 좌파 기후 관련 단체는 얼마나 탐욕스러운지 기후에 관련한 기금이 5조 달러(5,000,000,000,000달러)/5,547조 원 (5,547,000,000,000,000원)는 되어야 충분한데 겨우 388조 원 밖에 안 된다고 불평을 했다.

이들의 주장은 기후 변화를 연구하고 기술을 개발하는 데 1년에 388조로는 충분하지 않고 5547조가 필요하다는 것이다.

5조 달러면 지구상의 모든 사람들을 먹여 살리고, 말라리아를 종식시키고, 아프리카의 모든 외딴 마을에 깨끗한 물과 믿을 수 있는 전기를 공급할 수 있으며 암과 알츠하이머를 치료하고도 남는 돈이다. 미국이 달나라로 사람을 보내는 데도 2000억 달러면 된다.

포브스 지에 의하면 오바마 대통령의 첫 임기 동안 기후 변화와 그린 에너지 보조금으로만 약 1,500억 달러(150,000,000,000달러)/166조 4,100억 원(166,410,000,000,000원)를 지출했다고 한다. 이 돈은 모두 납세자들이 국가를 안전하게 지키고 국가를 번영시켜 달라고 낸 세금이다.

미 정부 회계 관리국의 최근 보고서에 따르면 '기후 변화 연구, 기술, 국제 원조, 적응을 위한 연방 기금'이 1993년 24억 달러(2,400,000,000달러)/한국 돈으로는 2조 6,625억 6천만 원 (2,662,560,000,000원)에서 2014년 116억 달러(11,600,000,000달러)/12조 8,690억 4천만 원 (12,869,040,000,000원)로 증가했다. 2009년 재투자법, 아메리칸 리커버리(American Recovery)가 제공하는 기후 변화 프로그램과 활동에 대해서는 261억 달러(26,100,000,000달러)/28조 9,553억 4천만 원(28,955,340,000,000원)를 추가로 지원했다.[59]

앨 고어는 기후 운동에 주력했을 뿐인데 억만장자가 되었다. 미국 정부의 기후 관련 기금은 앨 고어 같은 글로벌리스트 좌파들을 부자로 만들어 주는 황금알을 낳는 거위인 것이다.

그러면 누구나 기후에 관한 연구나 기술 개발을 하면 이러한 후한 자금 지원을 받을 수 있는 것인가? 전혀 그렇지 않다. 기후 변화로 전 세계가 곧, 아니면 다가올 미래에 궤멸할 수 있다는 연구 결과를 발표해야 재정

---

59 Stephen Moore. (2018년 12월 18일). *Follow the (Climate Change) Money. Massachusetts:The Heritage Foundation*. 2021년 3월 15일에 검색함. https://www.heritage.org/environment/commentary/follow-the-climate-change-money

지원을 받을 수 있다. 이러한 사실을 폴 아놀드와 폴 드 리센은 CFACT라는 싱크탱크와 함께 연구한 후 저술한 『빅 그린을 해독하기(Cracking Big Green)』라는 책에서 폭로하고 있다.

막대한 기부금과 후원금을 정부, 민간 기업으로부터 받는 좌파 기후 단체들은 북극에 얼음이 녹은 사진, 먹이가 없어 굶주린 북극곰 사진(사실은 나이가 많아 늙은 곰 사진으로 나중에 밝혀짐), 바다 수위 상승과 하강에 관한 보도 등을 끊임없이 언론과 학교에 제공해야 한다.

이제는 독자 모두 세계 최고의 기업을 이룬 이 시대 최고 지성인 빌 게이츠가 그토록 허접한 책을 펴낸 이유를 추측할 수 있을 것이다. 그토록 정의와 공정을 외치는 진보 좌파 백인 글로벌리스트가 거리에서 폭동을 일으키는 일에는 흑인들을 동원하면서 정작 큰돈을 벌 수 있는 기후 변화 운동은 자신들만이 독차지하고 있다는 사실 자체가 이들이 얼마나 위선적인지 보여준다.

정부 기금 이외에 글로벌리스트 50여 명이 기후 변화 단체에 매년 수억 달러의 재정을 지원한다. 이들은 특정 주요 15개 정도 기후 변화 민간 기관에 거대한 재정을 지원해 이들 15개 진보 좌파 기후 관계 기관이 전 세계에서 기후 관련한 모든 여론, 정책을 주도하도록 하고 있다.

기후 변화에 대해 다른 의견을 말하면 감옥에 가는 현실

기후에 관한 동영상에는 다음과 같은 설명 글이 따라온다

'지구 온난화는 19세기 후반부터 시작된 전 세계적인 바다와 지표 부근 공기의 기온 상승을 의미한다. 21세기 초부터 2018년까지 지구 표면의 평균 온도는 1980년에 비해 약 3분의 2가 넘는 0.93 ± 0.07 °C 정도 기온이 상승했다. 독일에서는 이런 정보를 받아들이지 않고 다른 의견을 말하면 감옥에 갈 수 있다.'(Wikipedia)

글로벌리스트가 만들어낸 기후 변화 종말론을 믿고 환경 변화로 인한 인류 종말을 막아달라고 외치며 세계적인 스타가 된 그레타 툰베리(Greta Thunberg)는 다보스에서도 연설을 했다. 독일의 10대였던 나오미 사이브트(Naomi Seibt)는 과학적 통계를 이용해 글로벌리스트가 무지하고 어린 툰베리를 이용한다는 내용의 영상을 만들고 연설을 했다는 이유로 고소당해 법정 싸움을 벌이고 있다. 독일에서는 기후 변화가 진실이 아니라고 말하면 감옥에 갈 수 있다. 기후에 관해서 종교 재판이 열리고 있다. 진실을 말하거나 다른 의견을 말하면 감옥에 가거나 기후 변화 거부자라는 낙인을 찍어 사회에서 낙오자가 되게 만든다.

헤리티지 재단에 따르면 기후 관련 정부 지원을 전부 합산하면 1년에 미국에서만 1조 달러를 지원한다.

충격적인 사실은 이들 좌파 글로벌리스트는 그 많은 돈을 후원받고도 기후 변화 문제를 전혀 해결하지 못했다는 것이다. 미국 정부와 유엔은 최근 보고에서 이 문제는 나아지지 않고 더 악화되고 있다고 했다. 기후 재난을 막고자 1년에 1110조(1조 달러)를 쓰고도 이들은 이 재앙을 단 하루도

늦추지 못했다고 인정하고 있다.[60]

앨 고어나 빌 게이츠 같은 글로벌리스트 좌파들이 기후 문제에 대한 해결책으로 제시한 것은 언제나 더 강력한 규제, 더 큰 정부, 더 많은 정부 지원 그리고 지구를 구한다는 명분으로 경제 활동을 제로로 만들어 수많은 사람을 가난 속으로 밀어 넣는 것이다. 자유를 빼앗긴 채 아무것도 갖지 못하고 쇼핑은 꿈도 못 꾸고, 자전거 타고 동네를 돌아다니며 살기보다는 다소 탁한 공기를 마시더라도 자유롭고 풍요롭게 살겠다고 헤리티지 재단 기고가는 말하고 있다. 아마 우리 모두 그 편을 택할 것이다.

---

60 Stephen Moore, (2018년 12월 18일).'*Follow the (Climate Change) Money. Massachusetts:The Heritage Foundation*. 2021년 3월 15일에 검색함. https://www.heritage.org/environment/commentary/follow-the-climate-change-money

3. 거대하고 치밀한 계획
: 기후 변화로 세계를 사회주의 국가로 만들 수 있다

기후 변화를 이용해 전 세계를 공포로 몰아넣고 그 해결책으로 그레이트 리셋을 제안하려는 적그리스도적인 글로벌리스트의 계획은 1970년대에 수립되었다는 사실은 이미 밝힌 바 있다. 글로벌리스트는 기후 변화로 세상을 뒤집을 수 있는 명분이 될 만큼 치밀하게 조직을 구축해 놓았다.

아래 도표는 세계 경제 포럼의 도표이다. 기후 변화를 축으로 하여 파리 협정, 청정 에너지로의 전환, 기후 연합 구축, 기후 위험 이해, 기후 행동에 투자, 탄소의 사회적 비용, 지속 가능한 토지 이용 등 7개의 프로그램을 구축해놓았다.

기후 변화는 다시 아래의 7개 범주로 구성된다.

- 파리 협정
- 청정 에너지로의 전환
- 기후 연합 구축
- 기후 위험 이해
- 기후 행동에 투자
- 탄소의 사회적 비용
- 지속 가능한 토지 이용

각각의 7개 범주 아래 다시 다음에 열거한 43개의 하부 기관이 있다.

Cities and Urbanization(도시와 도시화), International Security(국제 안보), Justice and Law(정의와 법), United States(미국), Electricity(전기), Batteries(배터리), Future of Mobility(모빌리티의 미래), Oil and Gas(석유 및 가스), Fourth Industrial Revolution(4차 산업 혁명), Automotive Industry(자동차 산업), Social Justice(사회적 정의), Geopolitics(지정학), Civic Participation(시민 참여), Peace and Resilience(평화와 회복력), Antarctica(남극), Corporate Governance(기업 지배 구조), Global Governance(세계적 통치), Air Pollution(대기 오염), The Ocean(바다), Green New Deals(그린 뉴딜), Future of Energy(에너지의 미래), The Great Reset[그레이트 리셋(위대한 재설정)], Circular Economy(순환 경제), Infrastructure(하부 구조), Advanced Manufacturing and Production(고급 제조 및 생산), Climate Indicators(기후 지표), Future of Economic Progress(경제 발전의 미래), Institutional Investors(기관 투자자), Insurance(보험), Agile Governance(애자일 거버넌스), Private Investors(개인 투자자), Financial and Monetary Systems(금융 및 통화 시스템), Public Finance and Social Protection(공공 재정 및 사회 보호), Development Finance(개발 금융), Global Risks(글로벌 리스크), Banking and Capital Markets (은행 및 자본 시장), Forests(숲), Internet of Things(사물 인터넷), Space[우주(스페이스)], Water(물), Human Rights(인권), Drones(드론), Environment and Natural Resource Security(환경 및 천연 자원 안보), Sustainable Development(지속 가능한 개발)

이 중 기후 변화 한 가지만 살펴보자. 아시아 기후 변화 센터가 있고 아시아 각국에 개별 기후 변화 센터가 있다. 이런 식으로 유럽 기후 변화 센터, 아프리카 기후 변화 센터가 있다. 미국 기후 변화 센터, 영국, 캐나다, 뉴질랜드, 터키, 중국, 몽골, 심지어 이란에도 기후 센터가 있다. 기후 변화 센터가 없는 국가라고는 아마도 북한 정도일 것이고 나머지 전 세계에는 모두 존재한다고 보면 된다.

한국 기후 센터의 대표는 전[前] 환경부 장관 유영숙 씨다. 포스코, 신성 E&G, 이투데이, SK, 신한 금융그룹, 전력 거래소, 동서발전, 에코시아, 포스코, GS 칼텍스 등 다수의 굵직한 대기업과 중견 기업들이 후원하고 있다. 이들 기업으로부터 오는 후원금도 엄청날 것이다.

기후 변화 센터, 기후 환경 센터 등의 이름으로 각 지역마다 크고 작은 기후 변화 센터가 있다. 기후에 대한 교육을 시켜서 각종 기관, 단체, 학교로 강사로 파송하는 등 교육과 홍보를 활발하게 하고 있다.

이렇게 학생들, 시민들에게 기후 변화에 대해 교육하고 각종 제안을 만들어 정부에 제시한다. 그런 과정을 통해 법을 바꾸도록 한다. 기후 변화는 유엔, IMF, 월드 뱅크, 세계 경제 포럼 등이 모두 가장 중요하게 추진하는 어젠다이기에 각국의 정부도 순응하고 따라간다. 2007년도부터 초등학교 교과서에 기후 변화에 대한 내용이 나온다. 중학교와 고등학교의 사회·지리 시간에도 기후 변화에 대해 교육한다. 기후 변화의 하위 범주인 '지속 가능한 발전'에 관해서도 초등학교부터 중고등학교, 대학교, 대학원에서 교육하고 있으며 교사 임용 고시, 각종 공무원 시험에도 출제된다.

이렇게 초등학교에서 대학원까지 기후 변화, 지속 가능한 성장에 대한 글로벌리스트의 가치관으로 세뇌를 당한 세대가 2030년에는 본격적으로 사회의 각 부문을 주도하기 시작할 것이다.

이들 세대는 빌 게이츠의 말에 완전히 수긍할 정도로 세뇌되어 있다. 586세대가 영원한 좌파인 것처럼 이들은 영원히 기후 변화로 인한 재난을 막으려고 육류 섭취를 죄악으로 알고, 미니멀리즘을 추구하며, 차를 없애고, 자전거를 타야 한다고 주장할 것이다.

현재 30대를 기점으로 30대 이전과 이후 세대는 기후 변화, 페미니즘, 동성애, 아동 인권 등에 관하여 대화를 나누기가 불가능할 정도로 가치관이 다르다. 그 이유는 교육 때문이다. 전통적인 우파인 이명박 전[前] 대통령, 박근혜 전[前] 대통령도 유엔과 유니세프, IMF, 세계 경제 포럼의 글로벌리스트 어젠다에 순응했다. 물론 그분들은 글로벌리스트의 큰 그림을 전혀 이해하지 못했을 것이다. 그분들이 허용한 교육을 받고 자란 세대가 진보 좌파로 성장해 결국 그분들을 감옥으로 보낸 세력에게 권력을 주는 데 크게 일조했다는 것은 역사의 아이러니이다.

기후 변화에 대한 교육을 받은 사람들이 정부, 기업, 일반, 초중고 대학, 대학원생을 상대로 글로벌리스트의 어젠다를 교육하고 홍보하고 있다. 치밀하게 지방자치단체부터 각 부의 장관, 총리 대통령, 국회의원에 이르기까지 모두에게 영향력을 끼치며 정부에게 압력을 넣어 법을 바꾸고 있다. 그야말로 한 국가의 머리에서 발끝까지 포위하고 있는 것이다. 이렇게, 전 세계 각국에 중앙 사무소를 두고 그 아래 지역마다 사무소를 두고 있다.

이렇게 신세계 질서(뉴 월드 오더)에 봉사하는 수많은 기관들이 전 세계 수도뿐 아니라 지역에까지 있고 거미줄처럼 연결되어 있다는 사실은 이미 우리가 사는 이 세상이 신세계 질서 안에 들어가 있음을 보여준다.

글로벌리스트는 무엇을 원하는가?

글로벌리스트가 궁극적으로 원하는 것은 기후 재난을 막는 것이 아니라 마치 제프 베조스가 아마존에 들어오는 모든 상품을 관리하듯이 전 세계 모든 나무, 모든 자원, 모든 인간의 재고 목록을 만들어 관리하는 것이다.

팬데믹(코로나 19)은 수십 년이 걸렸을 전 지구인의 디지털 아이디를 단 2~3년 만에 만들어 낼 수 있는 기회를 제공했다. 전 인류에게 디지털 아이디, 백신 접종 아이디, 신용카드 아이디를 합친 타투(문신)를 한 후 철저하게 세금을 부과하고 관리할 것이다. 그래서 빌 게이츠, 조 바이든, 클라우스 슈밥, 월드 뱅크, 찰스 황태자 등이 100년 만에 한 번 오는 기회라고 말하는 것이다.

팬데믹(코로나 19)은 노동조합을 무력화시킬 것이다. AI로 인해 자동화가 이뤄진다고 해도 노동조합의 강력한 반발 등으로 산업 전반에 걸친 자동화는 20~30년 걸쳐서 일어날 수밖에 없었지만 팬데믹(코로나 19)으로 2~3년 만에 가능하게 되었다. 노동조합이 정리 해고를 막을 수 없어 해고가 쉬워질 것이다. 인류의 50%는 영구적인 실업자가 되거나 단기 아르바이트만 할 수 있을 것이다. 유엔과 세계 경제 포럼의 미래 정책을 연구하는 유엔 미래 포럼은 앞으로 10%의 인구만 일하고 90%는 한 달 30만 원 정도 정부 보조로 먹고살게 될 것이라고 말한다.

세계 경제 포럼이 제시한 2030년까지 완성될 것이라는 8가지 예측은 이들이 제시하는 미래의 청사진이다. 기업들은 AI를 통해서 생산하고 판매하고 최소한의 인건비만 지불하면 이윤의 대부분을 가져갈 수가 있다. 인구의 50%나 심지어 90%가 실업자가 된다고 해도 대기업들이 더 이상 경쟁하지 않고 독점적으로 사업을 하면서 왕족처럼 살 수 있다면 그들에게는 달콤한 제안이 아닐 수 없다.

인류는 글로벌리스트가 말하는 것처럼 종말론적 위기 속에 살아가는가?

글로벌리스트는 1960년대에는 지구의 인구가 30억을 넘으면 재앙이 일어난다고 말했다. 글로벌리스트는 1970년대에는 지구에 소 빙하기가 오고 있다고 인류를 위협했다. 지구에 한정된 석유 자원이 있는데 그 석유가 곧 고갈될 것이라고 했다. 지구는 30억의 인구를 먹여 살릴 수 없다고 했다. 인구수가 늘어날수록 인류는 고통 속에 살아갈 것이라고 했다. 인류는 다가오는 소 빙하기를 석유도 식량도 없이 살아야 한다는 두려움에 떨었다. 1960년대에 세계는 미국, 영국, 유럽을 제외한 국가, 즉 중동, 아프리카 그리고 아시아는 오늘날의 아프리카처럼 빈곤했다. 2020년 지구에는 70억 인구가 살고 있고 일부 아프리카와 중동 일부 지역을 제외하고는 굶주림에 시달릴 정도의 완전한 빈곤층은 소수이다.

지구 인구의 80%는 글을 읽고 쓸 수 있으며 굶지 않으며 오랫동안 건강하게 살아간다. 지구 역사상 현재가 인류의 최전성기라고 볼 수 있다.

미국은 땅 속 깊이 묻어있는 가스를 상용화시키는 방법으로 에너지 문제를 해결했으며 원자력 발전소, 풍력, 태양열 전지 등을 발전시켜 에너지원을 다양화했다. 전기차가 대세가 되는 시대로 들어가고 있다. 농업 부분도 새로운 종자, 다양한 농기구, 비료를 개발해 70억 지구인을 충분히 먹을 수 있는 식량을 생산하고 있다. 인터넷 등 테크놀로지의 발전으로 전 세계인이 쉽게 저렴하게 교육을 받을 수 있게 되었다. 일론 머스크는 화성을 탐사할 예정이다. 과학자들은 인구 증가가 90억 내지 110억을 넘을 수 없다고 한다. 2100년이 지나기 전에 인구 증가가 아니라 인구 감소가 시작될 것인데 한번 인구가 감소되기 시작하면 인구 감소를 중단시킬 수 없다고 한다. 그런데 글로벌리스트는 1970년대부터 임박한 기후 환경 재앙론을 이유로 인구 감축을 주장해오고 있다. 그레이트 리셋도 결국 인구 감축의 일환일 것이다.

강하고 담대하라! 주님께서 성도들을 도우실 것이다.

8

코로나 19는
시작일 뿐
경제 몰락이
오고 있다

··· 8부

어떻게 대비해야 하는가?

8부

어떻게
대비해야
하는가?

1. 앞으로 일어날 일들

　기업은 판매량의 급감과 뉴 그린 딜에 따른 탄소세 부과, 뉴 그린 딜의 기준에 맞는 설비 도입 등으로 이윤을 내기 어려워진다. 앞으로는 자동화만이 살 길이다. 코로나 19로 인한 자영업자의 붕괴가 선행되고 이후에는 자동화에 따른 대량 해고가 시작될 것이다. 지금까지 기업은 노동조합 때문에 해고를 할 수가 없었다. 그러나, 이제는 코로나 19를 이유로 집회를 할 수가 없는 상황이다.

　사실상 노조는 와해될 수 있다. 여기서 끝이 아니다. 이들의 계획이 그대로 다 이뤄진다면 공공 의료 또한 2-3년 안에 심각하게 손상되기 시작할 것이다. 특히 요양 병원이 타격을 받을 것이다. 결국 2021년을 기점으로 하여 5년 전후로 한국 인구의 50%, 즉 인구의 절반은 결국 실업자가 될 수 있다. 세계 곳곳에서 국가가 전 국민에게 기본 소득을 주어야 한다는 말이 나오는 이유이다. 물론 그들은 100년도 넘게 이러한 세상을 원해 왔고 그것을 위해 지금까지 달려왔다.

유엔 및 세계 경제 포럼의 정책 혹은 계획을 잘 알고 있는 유엔 미래 포럼의 박영숙 대표는 국가가 국민에게 한 달에 30만 원의 기본소득을 주게 될 것이라고 예측하고 있다. 세계 경제 포럼의 2030년대 미래 예측 1번에 해당하는 내용인 '당신은 아무것도 소유하지 않을 것이다'와 같은 맥락이다.

소득이 없어진 많은 사람은 앞으로 상품 구매보다 물물 교환을 하며 살아갈 것이다. 물물 교환이 활발해지기 시작할 것이고 실직자들은 결국 자동차 소유를 포기하게 될 것이다.

경제 공황과 함께 찾아오는 급격한 4차 산업으로의 이동은 누구보다 65세 이후의 세대에게 큰 충격을 줄 것이다. 결국 이런저런 이유로 노인 사망률은 급증할 것이다. 글로벌리스트에 동의하지 않을 지혜를 갖춘 세대인 노년층이 지도자가 되지 못하도록 노년층의 인구를 강제로 줄이는 중이라고 볼 수 있다.

첨단 과학의 정보 산업 시대인 만큼 노년층은 정보를 다루고 얻는 데 있어 매우 서투르고 많은 어려움을 느낀다. 차츰 은행 업무 등 모든 것이 자동화되는 사회에서 노년층이 더욱 소외될 수 있다. 노년층을 자녀나 교회 공동체 등 주변에서 반드시 도와드려야 한다. 현실을 자세하게 설명해 드리면 현명한 노년층은 최선의 결정을 내릴 수 있다. 당신의 작은 친절이 큰 열매를 맺게 될 것이다. 자비로 심는 자들에게 하나님께서 자비를 주실 것이고, 은혜를 베푸는 자들에게 하나님께서 은혜를 베풀어 주실 것이다.

이와 같은 높은 실업률은 높은 범죄율로 이어질 것이다. 클라우스 슈밥은 이미 앞으로 더욱 분노한 사회를 직면하게 될 것이라고 말하고 있다. 한편, 실업자들에게 문화 콘텐츠를 제공하는 직업의 수요가 높아지고 각광받을 수 있다. 그러나 높은 세금 때문에 일을 열심히 하지 않는 풍조가 만연해 결국 생산력은 떨어질 것이고 삶의 질은 급격히 낮아질 것이다.

공산국가가 그랬듯이 세계 단일 정부 체제는 생산성의 저하로 결국 무너질 것이다. 글로벌리스트는 AI가 생산성을 높여주어서 10%가 일해서 90%를 먹여 살리는 것이 가능하다고 믿고 있다. 드론과 로봇 군인을 통해서 인간의 저항을 제압할 수 있다고 믿고 있지만, 제로섬의 경쟁 사회에서 결국 그레이트 리셋 동맹은 깨어질 것이고 오히려 국수주의가 일어날 것이다. 우리는 이들의 계획이 실패하도록 기도해야 한다.

2. 결론 그러면 우리는 어떻게 대처해야 하는가?

어찌하여 이방 나라들이 분노하며 민족들이 헛된 일을 꾸미는가 / 하늘에 계신 이가 웃으심이여 주께서 그들을 비웃으시리로다 / 네가 철장으로 그들을 깨뜨림이여 질그릇 같이 부수리라 하시도다(시편 2:1, 4, 9)

교회는 어떻게 해야 하는가? 전능하신 하나님의 군대로 일어나야 한다. 교회는 필사적으로 적들의 계획이 무력화되도록 기도해야 한다. 전 세계적인 세력의 연합이기에 전 세계 교회의 기도만이 이들 세력을 무너뜨릴 수 있다. 하나님께서 개입하셔서 적그리스도 세력의 악한 계획을 좌절시켜 주시도록 기도해야 한다. 지상에 임한 하나님의 정부인 교회에게 권세가 있기에 연합된 기도는 지옥문을 흔들 것이다.

주님께서 적의 계략을 부수시고 우리를 구원해 주시기를 기도해야 한다. 주님이 자비를 베푸셔서 최악의 대공황을 피해 가도록, 어젠다 2030이 이뤄지지 않도록 기도해야 한다. 한국이 공산화되지 않고 중국의 식민지가 되지 않도록 기도해야 한다.

이스라엘은 이 시기에 큰 도전을 받을 것이기에 중보해야 한다. 동아시아에서 중국이 제3차 대전을 일으키지 못하도록 해야 한다. 글로벌리스트가 중동을 다시 한번 불바다로 만들어 모슬렘들이 다시 한번 유럽으로 물밀듯이 몰려가게 하려고 할 것이다. 중동 전쟁 또한 제3차 대전으로 확전될 수 있다. 기도로 막아야 한다. 하나님 나라를 먼저 구하는 자들은 어려움 중에도 하나님의 큰 은혜를 입을 것이다.

미국이 약해지는 틈을 타서 중공은 미국에 자신들이 신장 위구르를 얼마나 효과적으로 통제하는지 보고 배우라고 큰소리치고 있다. 중국은 신장 지역을 통제하기 위해 백만명의 중국 공산당원을 보내서 신장지역 사람들의 가정에 안방을 차지 하도록 했다. 신장 전체를 감옥으로 만들어 중국에 반항을 하지 못하도록 만든 것이다. 최근 드라마에 중공식 복장이 등장하고 중국산 비빔밥이 등장하고 있다. 이는 드라마 제작에 중국 자본이 투자된 것이기 때문이라기 보다는 중국의 한국 식민지화가 빠르게 진전되고 있다는 증거로 봐야 한다. 한국 교회가 필사적으로 막아서지 않는다면 한국은 내일의 신장, 위구르와 미얀마가 될 것이다, 중국의 대만, 싱가포르 침략을 저지해야 한다. 아시아에서 분쟁이 일어나면 미국이 도와주지 못할 것이다. 북한도 덩달아 도발 할 것이기에 한반도는 매우 위험해진다. 이에 더해. 지금은 아시아와 중동에서 3차 대전으로 악화될 분쟁이 일어날 수 있는 시기이기에 필사적인 기도가 필요하다.

하나님께서는 한국에서 글로벌리스트의 쿠데타를 막아설 사람들을 일으키고 계신다. 중요한 인물들이 하나님의 기름 부음을 받고 일어서고 있다. 적들의 계획을 빨리 종료시켜야 한다. 그러기 위해서는 적들의 정체와 계략이 폭로되어야 한다. 교회가 깨어나 하나가 되어야 한다. 이스라엘의 회복을 도울 때 하나님의 호의와 은총이 더해질 것이다. 트럼프 미 대통령은 글로벌리스트를 막아서기 위해 포기하지 않고 전진하고 있다. 한국도 일어서야 하고 일어설 것이다. 글로벌리스트의 쿠데타를 막는 것은 어렵고 힘하지만 가능하다. 전능하신 하나님께서 우리와 함께 하시기 때문이다.

3. 릭 조이너의 『추수』에 의하면 미국은 내전을 통하여 우파 국가로 회복된다

마태복음 24장에서 예수님의 제자들은 예수님에게 주의 임하심과 세상 끝에는 무슨 징조가 있을 것인가 물었다. 예수님은 제자들이 예상했던 것과는 다른 답을 하셨다. 제자들은 무슨 징조(하나의 큰 징조)를 말해 달라고 했지만 예수님은 미혹, 전쟁과 전쟁에 대한 소문, 곳곳에 지진과 기근과 팬데믹이 있을 것인데 그것들은 해산의 고통의 시작일 뿐이라고 하셨다. 예수님의 재림을 예비하는 사건들이 재림 전에 더 강한 강도로 더 자주 일어나실 것을 말씀하셨다.

그레이트 리셋은 전 세계 기독교인들이 환란 속으로 들어갈 것임을 의미한다. 이 책을 읽은 분들의 초미의 관심은 '그렇다면 세계가 이대로 짐승의 표를 받는 시스템으로 변할 것인가' 하는 것일 것이다.

릭 조이너의 책『추수』는 그가 1987년 9월, 1988년 5월, 1988년 9월에 받은 예언을 기반으로 쓰였다. 추수에서 릭 조이너는 가장 자유로운 나라 중 몇 나라에서 성경이나 종교 서적을 갖는 것이 징역이나 사형에 해당하는 죄가 되는 때가 다가오고 있다고 한다.[61] 릭 조이너는 남한, 필리핀, 남중미(멕시코와 대부분의 아프리카 국가 포함)가 변형된 공산주의(경제적, 군사적 전체주의)에 휘말릴 것이라고 했다.[62]

---

61 릭 조이너. (2002). 추수. 이선협 역. 서울:은혜출판사. 181.
62 Ibid. 182

소련이 1985년부터 개방 정책(페레스트로이카)을 시작했기에 자유 민주 진영에서는 마침내 자유 민주주의가 공산주의를 이기고 승리했다고 자축하던 시기였다. 그랬기에 릭 조이너의 예언은 충격적이었지만 현실적으로 일어날 것 같지 않았다.

그러나 1998년 베네수엘라가 유고 차베스에 의해 공산화가 되고 2005년까지는 중남미의 75%가 공산화되었다. 현재 한국에서 일어나는 현상이 릭 조이너가 1987년 경고했던 '경제적, 군사적 전체주의'라고 볼 수 있을 것이다. 지금 일어나 행동하고 기도하지 않는다면 한국은 결국 북한이나 중국처럼 될 것이다.

릭 조이너는 『추수』에서 미국의 남부 국경에서 문제가 일어나 내전이 일어날 것이라고 예언했다.

조 바이든이 대통령에 취임하고 내린 첫 번째 행정 명령은 트럼프 45대 대통령이 봉쇄했던 국경을 모두 개방하는 것이었다. 릭 조이너는 올린 동영상에서 조 바이든이 내린 행정 명령을 보니 2018년에 주님이 주신 예언이 이뤄지는 시기가 된 것 같다고 말했다.

주님은 2018년 릭 조이너에게 '1987-1988년 예언대로 앞으로 남쪽 국경이 개방되어 불법 이민자들이 몰려올 것인데, 그중에 마약 중개상 등 갱단들이 섞여 들어와 미 전역에서 잔악한 만행을 자행할 것이고, 미국인들이 스스로를 보호하기 위해 민병대를 조직할 것이며 결국 연방 정부에 반기를 드는 주정부들이 나타나 분리를 시도하며 내전을 일으킬 것'이라고 말쓰하셨다고 한다. 릭 조이너는 미국은 어렵고 위험한 내전으로 내몰리지만 결국 우파가 승리할 것이고 다시는 좌파가 되지 않을 것이라고 하셨다'고 한다. 결국 미국에서 글로벌리스트는 패배하게 될 것을 의미한다.

이미 미국에서는 텍사스 주가 조 바이든의 석유 에너지 산업 폐기 정책에 거세게 반발하고 있다. 트럼프 미 대통령에게 투표를 한 7천5백만 명의 공화당 지지자 중 70-80%가 트럼프를 여전히 지지하며 조 바이든의 급진적인 진보 좌파 정책에 반감을 드러내고 있다.

조 바이든은 트랜스 젠더 레이첼 레빈을 보건부 차관에 임명했다. 상원 의원 랜드 폴은 인준을 위한 청문회에서 레빈에게 소아(어린이들)가 자신들이 여성인지, 남성인지를 결정하기 전까지 성호르몬 억제제를 투여해 2차 성징이 나타나는 것을 막으려는 계획을 갖고 있는지 질문했는데 레빈은 답을 회피했다. 조 바이든이 굳이 트랜스 젠더를 보건부 차관에 임명한 이유는 미국에서도 유럽이나 캐나다에서처럼 소아들이 자신들의 성전환 수술, 성별을 결정할 수 있는 법안을 통과시키기 위한 수순인 것 같다.

미국은 현재 이렇게 건국 이래 가장 분열되어 있고, 2020년 흑인 플로이드 사망 사건을 기점으로 많은 지역에서 경찰 예산이 삭감되어 경찰의 사기도 저하되어 있다. 앞으로 중남미에서 몰려온 거친 마약 중개상과 갱단을 저지하기 힘들어 무법천지가 되면 경찰들이 이들을 저지할 수 없을 것이다.

그렇게 되면 미국인들은 흑백 갈등을 접고 단결하여 외부의 적인 마약상, 갱단을 물리치기 위해 일어날 수도 있을 것이다. 따라서 글로벌리스트가 미국을 흑백 갈등으로 분열시켜 놓은 뒤에 착취해 왔던 전략이 통하지 않을 수도 있다. 미국인들은 연방 정부, 백악관이 자신들을 전혀 돌보지 않는다는 사실을 깨닫고 힘을 합쳐 연방 정부에 저항하여 글로벌리스트를 패배시킬 수 있을 것이다.

릭 조이너는 우리가 회개하지 않는다면 1929년처럼 전 세계적인 파멸이 올 것이며 일시적인 위기 모면이 있다 해도 잘사는 국가조차 20세기보다는 19세기처럼 될 것이라고 경고하기도 했다.

앞으로 가정 교회와 가정 소그룹과 '기독교 공동체' 운동이 범세계적으로 일어날 것이다. 성도는 더 이상 주일날 목회자가 준비해 준 말씀을 받아먹는 관람자가 아니라 주님과의 친밀한 관계 속에서 직접 말씀을 받아먹게 될 것이다.

마가복음 8장 35절 말씀 '누구든지 자기 목숨을 구원하고자 하면 잃을 것이요, 누구든지 나와 복음을 위하여 자기 목숨을 잃으면 구원하리라'를 문자 그대로 믿어야 하는 시기로 우리는 들어가고 있다. 이런 말씀의 기준이 아니라 예수 그리스도를 통해 유익을 얻으려고 믿는 자들은 모두 배교할 것이다. 이제부터 일어나는 '기독교 공동체'는 무엇을 하든지 주를 위해 한다는 공동체가 될 것이다.[63, 64]

---

63 Newman. A. (2010년 3월 16일). *Resurgent Communism in Latin America*. Appleton:The New American. 2021년 3월 17일에 검색함.
64 KEARNS. M. (2021년 2월 25일). *Rand Paul Demands Answers on Puberty Blockers for Minors*. New York:National Review. 2021년 3월 17일에 검색함.

4. 글로벌리스트가 불러올 퍼펙트 스톰에 이렇게 대비하라

　실제적인 준비도 해야 한다. 많은 신뢰할만한 투자자들이 올 가을에서 2023년까지 기간 중에 공황이 올 수 있다고 진단하고 있다. 왜 사람들이 금, 은, 암호화폐 등에 투자하는지 연구하라. 알아보고 확신이 생기면 조금씩 조심스럽게 투자하라. 조급하게 생각하지 말고 기도하면서 주님의 인내를 구해야 한다. 모든 결정에 대한 책임은 다른 사람이 아닌 스스로가 져야 하기에 정말 신중하게 접근하기를 권한다. 사람들이 대공황에 대비해 어떤 준비를 하는 지도 알아보고 연구하라. 2021년 - 2023년이 지나면 돈을 버는 것이 매우 어렵게 될 수 있다. 2023년쯤에 올 대공황에 대비해 지금부터 철저하게 검약해야 한다.

　결국 재물이 아닌 주님만이 우리의 도움이시다. 그렇지만 현실적인 준비도 필요하다. 정부는 백신 접종이 완결되어도 마스크 쓰기와 거리두기는 지속될 것이라고 한다. 글로벌리스트는 교회가 이전으로 돌아가지 못하도록 할 것이다. 집회 참석 성도 수를 백신 접종 후 지금보다 많이 완화시켜 주지 않을 것이다. 그렇게 되면 지금도 교회 건물을 유지하기도 힘들지만 시간이 갈수록 더 힘들어질 것이다. 경제 공황이 와서 교회 건물 가격이 폭락한다면 목사님과 성도 모두에게 큰 건물은 큰 짐이 될 수 있다. 건물 가격이 고점일 때 문제를 해결해야 한다. 특히 대출이 있을 경우에 목사님과 성도들이 힘과 지혜를 모아 대비해야 한다.

　교회 성도만 참여하는 유튜브 라이브, 줌(Zoom) 등 온라인을 통해 교회가 연합해 교회, 국가, 개인을 위해 기도 모임을 한다면 하나님께서 함께 하실 것이다. 컴퓨터와 핸드폰만 있으면 누구나 참여할 수 있고 집에서 할 수 있기에 참여도가 높을 것이다. 하나님 나라의 군사들에게는 주님의 보호와 공급이 있다.

5. 마지막 때에 큰 재앙을 피하려면

지금까지 마지막 때에 대해 논할 때 짐승의 표에 집중해왔다. 그러나 이런 접근에는 한 가지 중요한 오류가 있다.

요한 계시록을 보면 짐승의 표는 짐승이 나타나고 난 후에야 등장하기 때문이다. 성경 용어로 짐승은 사탄의 대리인, 적그리스도의 영을 가진 불법의 사람으로서 하나님의 전에 앉아 신의 행세를 하며 동시에 전 세계를 통치하는, 정치와 종교 지도자 역할도 하는 사람이다.

짐승이 세계를 지도하는 인물로 떠오르는 이유는 세계인이 그를 추앙하기 때문일 것이다. 즉 짐승은 마지막에 하나님의 거룩한 전에 앉아 자신을 신이라고 높이며 짐승의 표를 모든 사람들에게 강요하기 전에는 깨어서 기도하며 분별하지 않는 사람들에게는 그는 그저 매우 유능하고 매력적이고 카리스마 있는 지도자로만 받아들여질 것이라는 것이다.

짐승에 대해 깨어서 살피는 것이 얼마나 중요한지 역사적인 예가 있다. 히틀러는 유대인 육백만 명과 참된 기독교인 등 자신을 반대하는 사람들 천만 명을 학살했다. 히틀러가 일으킨 제2차 세계 대전으로 전 세계적으로 육천만 명이 죽었다. 히틀러는 교회가 자신을 경배하도록 변질시키려고 했다. 히틀러가 제2차 세계 대전에서 패하지 않았다면 요한 계시록의 짐승과 같은 자가 되었을 것이다.

독일 기독교인(독일인의 95%) 중 대부분은 히틀러가 적그리스도의 영을 가진 자라는 사실을 알아보지 못하고 그를 지지했다. 히틀러는 유대인을 증오했고 신이 유대인이 아니라 독일 민족을 선택했다며 성경 말씀을 대적하는 주장을 했다. 그로 인해 독일 기독교인은 1923년에 일어난 독일 대공황의 늪에서 독일의 경제를 구해냈다는 이유로 히틀러를 숭배했고 그의 반 성경적인 언행을 눈감아 주었다. 히틀러는 독일의 경제적 어려움을 모두 유대인의 탓으로 돌리고 유대인들이 기독교인을 노예로 삼으려고 한다는 내용의 유대인을 음해하는 거짓 문서인 『시온의정서』를 독일인에게 배포하며 반유대주의를 부추겼다.

제2차 세계 대전 후반까지 히틀러의 독일 군대는 유럽 국가를 하나하나 손쉽게 점령해 나갔다. 히틀러에 의해 유럽이 완전히 정복될 것처럼 보이던 절망적 상황에서 독일 기독교 여성회 회장이었던 마리아 바실레아 쉴링크(M. Basilea Schlink)에게 하나님은 말씀하셨다. '악한 히틀러가 이끄는 독일군은 패할 것이고 유대인은 살아서 팔레스타인 땅으로 가서 국가를 세울 것이다. 이것이 엔드 타임(종말)이 시작되는 징표이다.' 마리아 바실레아 쉴링크는 나치의 눈을 피해 독일인에게 하나님의 음성을 전하다 체포되기도 했다.

사진 28. 마리아 바실레아 쉴링크(M. Basilea Schlink)
(사진 출처 : https://ko-relaunch.kanaan.org/)

그러나 하나님께서 마리아 바실레아 쉴링크에게 주신 말씀대로 결국 히틀러는 독일을 패망으로 이끌었다. 그를 지지했던 기독교인들은 패망과 악에 가담한 죄인으로 낙인찍혔다. 이렇게 루터를 낳은 자랑스러운 개신교 국가였던 독일의 빛나는 영광은 사라져 버렸다. 그리고 유대인들은 1948년에 이천 년 동안 사라졌던 국가를 고토인 이스라엘 땅에 재건하며 힘차게 귀환했다.

마지막 때에 이스라엘을 재건하시리라는 하나님의 약속이 성취된 것이다.
이렇게 하나님은 언약을 지키신다.

전쟁이 다반사였던 고대에 약육강식의 세계에서 약한 자가 살아남는 방법은 강한 누군가와 언약을 맺고 그의 보호를 받는 길 밖에 없었다. 하나님께서는 아브라함과 언약을 맺으셨다.

"내가 너로 큰 민족을 이루고 네게 복을 주어 네 이름을 창대하게 하리니 너는 복이 될지라. 너를 축복하는 자에게는 내가 복을 내리고 너를 저주하는 자에게는 내가 저주하리니 땅의 모든 족속이 너로 말미암아 복을 얻을 것이라 하신지라"(창세기 12장 2-3절)

아브라함은 중동의 험지를 다니면서도 하나님의 언약을 의지해 안심했을 것이다.

이 약속은 아브라함에게서 이삭으로, 이삭에게서 야곱에게로 상속되었고, 야곱의 몸에서 난 12지파가 상속받았다. 하나님께서는 아브라함에게 주신 언약을 성실하게 지켜오셨다. 구약은 하나님께서 이스라엘의 적을 자신의 적으로 여기시며 엄하게 심판하신다는 사실을 보여준다.

20세기 최고의 성경학자 데릭 프린스는 하나님의 심판의 대상이 되는 반유대주의에는 유대인에게 직접 위해를 가하는 행동뿐 아니라 유대인에 대한 비판적인 생각이나 말도 포함된다고 말했다.

많은 사람이 모르는 사실은 이스라엘 국가가 사라지고 유대인이 전 세계에 왕도, 국가도, 군인도, 심지어 언어조차도 없이 살아왔던 천구백여 년의 세월 동안에도 하나님은 유대인을 축복하는 자를 축복하시고 저주하는 자를 저주하시며 언약을 충실하게 지켜주셨다는 사실이다.

예루살렘에 있는 제2차 세계 대전 중 학살당한 600만 명의 유대인을 기리는 기념관 '야드 바셈'을 방문하면 입구에서 방문객은 이런 설명을 듣는다.

'유대인은 오랜 역사에 걸쳐 많은 박해를 받았다. 그러나 『시온의정서』가 진실이라고 믿는 사람들이 나타나기 전에는 유대인 600만 명 학살과 같은 끔찍한 참사는 없었다'

야드 바셈뿐 아니라 역사가들도 이런 야드 바셈의 평가에 동조하고 있다.

『시온의정서』는 이처럼 유대인 600만 명이 학살당하는 원인이 되었기에 히틀러의 『마인 캠프』, 카를 마르크스의 『다스 카피탈(자본론)』과 함께 20세기 최악의 악서로 평가받고 있다.

한국에서 검증도 전혀 하지 않은 자료를 모아 만든 엔드 타임, 마지막 때에 관한 책이 기독교인 가운데 유행한 적이 있었다.

안타까운 사실은 그 책 안에 하나님의 심판 대상이 되는 반유대주의 대표 문서인 『시온의정서』가 진실이라고 소개됐다는 것이다. 그러나 사실은, 그 책은 이십 세기에 세 번의 법정 소송을 통해 조작된 문서로 판정되었다. 그 책은 이십여 만권이 팔리며 한국 기독교 서적 베스트셀러 7위까지 오른 적이 있다.

온누리 교회에서 토요일 아침 7시면 모여서 이스라엘을 위해 근 30년이 넘게 기도를 해왔다.

토요일, 구정, 신정, 성탄절이든 가리지 않고 기도 모임은 쉬지 않았다. 멀리 인천에서 새벽 5시 첫차를 타고 기도 모임에 오는 성도분도 있었다. 그렇게 오랜 기도 끝에 한국교회 안에 이스라엘을 축복해야 한다는 강의가 시작되고 조금씩 성도들이 모여 오기 시작할 때 하필이면 그 책이 출판되어 단숨에 한국교회에 퍼져나갔다. 서양 속담에 '진실이 신발 끈을 맬 때 거짓말은 이미 운동장을 다 돌아 나온다'라는 말이 있다. 정말 안타까운 사실은 그 책 안에는 『시온의정서』뿐 아니라 다른 많은 오류가 있었지만, 그 책을 읽은 사람들이나 그 책의 저자를 초청해 강사로 세운 교회 목회자도 그 안에 담긴 내용을 검증하지 않았다는 것이다.

그 책이 유행하자, 한 중견교회 목회자는 유대인 600만 명이 죽어간 원인이었던 『시온의정서』를 교회 정문 앞에 수천 부 씩 쌓아두고 배포를 했고 또 다른 목회자는 그 책의 저자를 강사로 초청했을 뿐 아니라 책 100권을 구매해 전 성도에게 한 권씩 선물했다. 한국뿐 아니라 전 세계 한인 교회가 그를 초청했다. 저자는 그에게 『시온의정서』가 반유대주의 악서임을 알리고 경고했지만 그는 듣지 않았다. 저자는 그런 그와 그 책을 읽은 많은 사람들의 반응을 보며 반유대주의에 따른 저주가 한국에 임할까 봐 두려워했다.

유대인들과 역사가가 『시온의정서』를 유대인 600백만 명 학살의 주된 원인이라고 확언하지만 여전히 그 책을 쓴 작가는 공식적으로 『시온의정서』를 진실이라고 한국교회에 소개한 것에 대해 회개한 적이 없다. 필자는 2015년에 한국 기독교인들이 이런 책을 검증도 없이 믿고 반유대주의를 받아들인다면 국가적 재앙이 올 것이라는 하나님의 음성을 들었고 그때부터 지속적으로 경고했지만 사람들은 듣지 않았다. 그 책을 쓴 작가도 회개하지도 잘못을 인정하지도 않았다. 한국은 이미 2016년 탄핵과 좌파 정부 탄생이라는 큰 어려움을 당했다. 이런 재앙적인 상황은 한국교회에 뿌려진 20만 권의 반유대주의 문서 때문이라고 필자는 믿는다.

'어떻게 한 권의 책이 한국교회에 심판적인 재앙을 불러올 수 있는가?'라며 필자가 지나치게 문제를 과장해서 해석한다고 비난하는 사람들이 있다. 그런 분들은 한국교회의 전반적인 타락 때문에 한국에게 심판이 임했다고 말한다. 정말 그런 것일까?

스가랴서에서 하나님께서는 이렇게 말씀하신다. '내가 너희를 하늘 사방에 바람같이 흩어지게 하였음이니라'(스가랴 2:6b) '너희를 범하는 자는 그의 눈동자를 범하는 것이라'(스가랴 2:8b)

주후 70년, 로마가 예루살렘을 함락시킨 후 유대인들은 전 세계로 흩어지게 되었다. 성경 말씀에 유대인들이 하나님의 심판으로 전 세계에 흩어져 사는 비참한 상황 가운데 놓이게 될 지라도 여전히 하나님께서는 그들을 자신의 눈동자로 여기시며 철저하게 보호하실 것이라는 약속을 주셨다. 하나님의 말씀은 역사적으로 어떻게 성취되었을까?

광야에서 열 명의 정탐꾼이 하나님을 대적하면서 약속의 땅에 들어가지 않겠다고 결정했던 날은 유대력으로 티슈리월 9일 아브일이었다. 티슈리월은 양력으로는 7월이나 8월이다. 이들의 결정으로 여호수아와 갈렙을 제외한 유대인 전부가 약속의 땅으로 들어가지 못하고 광야에서 죽었다. 유대력으로 기원전 티슈리월 9일에 솔로몬 성전이 바빌론에 의해 파괴되었다. 서기 70년, 티슈리월 8일에 헤롯의 성전이 파괴되었다. 이 사건이 타락한 이스라엘을 심판하신 하나님의 역사임을 계시하신 것이다.

티슈리월 9일에 유대인들은 영국에서 추방되었고 스페인에서 박해를 받기 시작했다. 나치가 유대인에 대한 박해를 본격적으로 시작한 날도 유대력으로 티슈리월 9일이었다.

제1차 십자군은 1096년 8월 15일 (Av 24, AM 4856년) 공식적으로 시작되어 첫 달에 1만 명의 유대인을 살해하고 프랑스와 라인란트의 유대인 공동체를 파괴했다.

유대인들은 1290년 7월 18일 (Av 9, AM 5050)에 영국에서 추방되었다.
유대인들은 1306년 7월 22일 (Av 10, AM 5066) 프랑스에서 추방되었다.
유대인들은 1492년 7월 31일 스페인에서 추방되었다.(Av 7, AM 5252)
독일은 1914년 8월 1일부터 2일까지 제1차 세계 대전에 참전하여 유럽 유대인들에게 엄청난 격변을 일으켰고 그 여파로 홀로코스트가 일어났다.

이 모든 것이 우연이 아니라 하나님의 역사라는 사실을 하나님께서 드러내신 것이다. 하나님이 역사를 주관하심을 믿는 유대인들은 그래서 티슈리월 9일에 회개를 하며 지낸다. 유대인에게 심판이 행해지는 날이라고 믿기에 법정 소송도 이날에는 잡히지 않도록 조심한다.

유대인이 티슈리월 9일에 이런 심판을 받았다면 유대인을 심판하는 도구로 사용되었던 국가와 민족에게는 어떤 일이 일어났을까?

하나님의 눈동자인 이스라엘을 침범한 국가에게 일어난 일을 로마를 통해서 살펴보겠다. 로마 황제 네로는 주후 66년 유대 반란군을 진압하도록 베스파시아누스 장군을 예루살렘으로 보냈다. 세계 유일의 강국 로마의 황제 네로에게 예루살렘은 로마가 정복해야 할 또 하나의 변방도시 였을 것이다. 그러나 베스파시아누스가 예루살렘을 공격하는 동안 갈바가 반역군을 일으켰다. 로마의 궁전에서 잠을 자던 네로는 한밤중에 잠에서 깨어 나보니 궁전이 텅 비어 있었다. 망연자실한 네로는 "내게는 친구도 적도 없다는 말인가?"라고 외쳤다고 한다. 네로는 로마의회가 그를 때려죽이기로 결정했다는 소식을 듣고 자살했다. 네로가 죽자 로마인은 축제를 벌였다. 네로를 이어 황제가 된 갈바는 8개월 만에 암살당했다. 네로를 닮은 오토가 갈바를 죽이고 스스로를 황제라고 선포했지만 3개월 만에 자살했다. 그의 후계자 비텔리우스는 8개월 만에 처형되었다. 예루살렘이 함락되기 전에 4명의 황제가 비참하게 생을 마감했던 것이다. 예루살렘으로 파병되었던 베스파시아누스는 로마로 돌아가 혼란을 틈타 황제가 되었다. 그의 아들 티투스가 남아서 유대 정복을 계속했다.

역사가 요세푸스는 예루살렘이 함락되는 4년의 기간 동안 백만 명이 넘는 유대인이 살해되었다고 기록했다. 베스파시아누스는 황제 즉위 9년 만에 후에 경미한 병에 걸렸지만 설사를 하다 결국 사망했다. 하나님의 도성 예루살렘을 파괴했던 베스파시아누스는 죽을 때도 "나는 신이 되고 있다"고 소리쳤다고 한다. 이스라엘의 하나님을 경외하지 않는다면 역사를 해석할 지혜가 없을 뿐 아니라 가장 처참한 심판을 큰 축복으로 착각하게 된다는 사실을 역사는 이렇게 증명해 준다. 그의 아들 디도가 황제가 되었다.

주후 70년 예루살렘을 정복했던 디도는 예루살렘 성전에 있던 메노라 등 거룩한 성전 기물을 로마로 약탈해갔다. 이때에 포로로 끌려온 유대인들이 메노라를 들고 로마로 입성하는 장면은 디도의 승전을 기리는 승전 문에 부조로 새겨져 있다.

사진 29. 디도의 승전문에 새겨진 부조
(포로로 끌려온 유대인들이 메노라를 들고 로마로 입성하는 장면)

그 후에 어떤 일이 일어났을까?

디도가 황제가 되자 세상에 종말이 온 것 같았다. 두 달 만에 그 유명한 베수비오 화산이 폭발해 폼페이와 인근 지역 사는 4천여 명의 사람들이 펄펄 끓는 용암 아래 묻히는 끔찍한 재앙이 일어났다. 화산 폭발 일 년 후인 서기 80년, 로마에서 대화재가 발생했다. 시뻘건 불길이 밤낮으로 3일 동안 타오르며, 로마는 그야말로 불지옥이 되었고 이 화재로 로마인이 숭배하는 신들의 전당인 판테온과 주피터 사원이 불타버렸다. 대화재 이후 로마에 팬데믹이 발생했다. 가히 출애굽기 전에 이집트에 내려진 열 가지 재앙에 비견할만한 재앙이 로마에 임한 것이다.

이스라엘의 하나님을 경외하지 않던 로마의 황제 6명은 로마가 이스라엘 침략을 시작한 이후 일어난 그 많은 재앙을 보고도 하나님께로 돌이키지 않았다. 예루살렘은 하나님이 세우신 도성이었고 유대인은 하나님이 선택하신 언약의 백성이었다는 사실을 믿지 않던 로마인들은 역사를 주관하시는 하나님의 손길과 섭리를 이해할 수가 없었다.

디도는 화산이 폭발하고 대화재가 일어났지만 회개하기는커녕 예루살렘 함락을 기념하는 축제를 벌였다. 축제를 벌인 2년 후인 81년에 죽었는데 암살당했다는 소문이 돌았다.

네로가 예루살렘 정복을 결정한 이후 66년에서 81년 동안 당시, 세계를 지배하던 유일한 제국 로마의 황제들은 두 명이 자살했고 한 명이 처형당했으며 두 명은 암살당했고 한 명은 경미한 병으로 사망해 총 6명이 죽었다.

최근, 이스라엘을 소중히 여기던 트럼프로부터 대통령직을 도적질해 간 조 바이든이 치매라는 사실이 확인되기 시작하면서 미국인들이 불안해하고 있다. 어찌 되었든 국가 정상이 치매라는 사실은 미국의 국력과 치안에 큰 위험요소가 되기 때문이다. 15년 동안 6명의 황제가 자살, 암살, 화형, 병사하고 대화재와 팬데믹이 휩쓸고 간 시대를 산 로마인들은 공포와 두려움에 떨었을 것이다. 그러나 로마인들은 역사를 주관하는 하나님의 손길을 보지 못하고 이 모든 일이 우연이거나 아니면 로마의 신들의 저주라고 생각했을 것이다.[65]

바빌론 제국의 강력한 정치인 하만도 유대인을 하찮게 보았다. 왕의 총

---

65 Bill Federer. (2017년 9월 8일). *Don't mess with Israel: What happened after Rome destroyed Jerusalem*. Springfield:World Tribune 2021년 3월 29일에 검색함. https://worldtribune.com/life/dont-mess-with-israel-what-happened-after-rome-destroyed-jerusalem/

애를 받던 하만에게 힘없는 소수민족이었던 유대민족의 재산을 빼앗고 죽인 것은 어려운 일이 아니었기에 왕의 재가를 쉽게 받을 수 있었다. 거대한 바빌론 제국의 권세가였던 하만은 아마도 지금 중국이 신장, 위구르, 몽고, 홍콩을 수중에 넣고 미얀마에 손을 댄 것처럼 수많은 소수민족을 진압하거나 멸절시켰을 것이다. 그러나 하만이 죽이려고 한 유대인은 다른 소수민족과는 달랐다. 유대인은 아브라함의 언약으로 인해 불멸의 민족이 되었던 것이다.

'너를 축복하는 자에게는 내가 복을 내리고 너를 저주하는 자에게는 내가 저주하리니 땅의 모든 족속이 너로 말미암아 복을 얻을 것이라 하신지라'(창세기 12장 2-3절)

하만은 유대인 모르드개를 달려던 장대에 자신이 달려 죽었다.

이스라엘을 제거하려던 바빌론 제국, 앗시리아 제국, 로마 제국 등 수많은 제국이 사라졌지만 유대인은 사라지지 않았다. 유대인을 대적했던 스페인 국가, 대영 제국, 오스만 투르크 제국 등 제국과 개인은 하나님의 심판으로 역사에서 사라졌지만 유대인은 사라지지 않았다.

하나님의 언약이 유대인을 지키고 있기 때문이라고 믿는다.

하나님께서 아브라함과 맺은 언약을 지키시는 분이라는 사실을 인정하지 않고 로마인처럼 인본주의적인 눈으로 역사를 해석한다면 기독교인이라도 로마인과 고대 이집트인들처럼 재앙이 닥쳐도 왜 자신들에게 그런 엄청난 재앙이 임하는지를 이해할 수 없을 것이다.

탄핵과 기독교에 적대적인 대통령 선출도 그저 우연한 자연현상이거나 정치적, 종교적인 많은 요소들 때문에 일어난 사건이라고 생각할 것이다. 그러나 이런 가설에는 한 가지 문제가 있다. 즉 한국 교회와 한국 정치가 일본이나 대만, 남미 국가들보다 더 부패하거나 변질되지 않았다는 사실이다.

하나님께서는 2015년에 미가서 말씀을 주시며 한 나라의 백성들이 거짓말을 검증도 하지 않고 믿는다면, 그 거짓말이 반유대주의에 관한 것이라면 그 나라는 망할 것이라는 말씀을 주셨다. 2015년에 경고했지만 사람들은 대체로 눈도 꿈적하지 않았다. 오히려 저자를 참된 선지자를 박해하는 거짓 선지자라고 비난했다. 그 책 안에 유대인에 관한 오류가 있다고 해도 프리메이슨에 대해 알게 해 준 고마운 참된 선지자라며 그 책의 저자를 옹호했다.

미국이 이스라엘을 배신하면 하나님께서 미국을 바로 심판할 것이라고 믿는 기독교인이 적어도 600만 명은 되는 미국에서나, 제2차 세계 대전의 참화를 겪은 유럽에서라면 『시온의정서』가 진실이라고 주장하는 책이 기독교서점에서 버젓이 팔리거나 한국에서처럼 큰 기독교 출판사에서 출판되는 일은 단연코 일어날 수가 없다.

저자가 이 문제를 또다시 제기하는 이유는 '그 책'이 지금까지도 영향력을 끼치고 있고 앞으로도 그럴 것이기 때문이다. 반유대주의 문서가 진실이라고 소개된 두 권의 책을 그 책의 저자는 2020년 더 이상 출판하지 않겠다고 발표했다. 그러나 한 번도 『시온의정서』의 아슈케나지 유대인은 가짜라는 반유대주의 주장을 철회한 적이 없고 공식적으로 이에 대해 사과한 적도 없다. 실수는 누구나 할 수 있다. 그 실수를 깨끗이 인정하고 시인하면 한국교회도 또한 그 책의 작가 자신도 반유대주의 멍에에서 벗어날 것이라고 믿는다.

한국에 『시온의정서』를 진실이라고 주장한 책에 영향력을 받은 기독교인들이 이십 여만 명이나 있다면 그들은 앞으로 일어날 환란과 혼돈 상황 가운데 반유대주의로 돌아설 가능성이 아주 높다.

사탄은 교회와 유대인을 분열시키기를 원한다. 교회가 유대인을 축복할 때마다 하나님께서는 교회에 부흥을 허락하셨지만 교회가 유대인을 박해할 때마다 교회는 어둠과 미혹 속으로 빠져들었다는 사실은 역사가 증명한다.

사탄은 앞으로 자신이 일으킬 환란과 기근의 원인을 전부 유대인에게 돌리려고 할 것이다. 전 세계에서 다시 한번 반유대주의가 크게 일어날 것인데 이미 미혹된 기독교인들은 그런 흐름에 동조할 것이다. 한국 기독교인들이 반유대주의에 동조한다면 한국은 더욱더 위태로워질 것이다. 저자는 한국과 한국교회를 지키기 위해 2020년에도 진실을 알리는 노력을 했다. 저자의 노력에 대해 그 책을 쓴 작가는 '악을 선으로 갚아야 한다'는 번지르르한 말로 자신을 포장했고 사람들은 고상하게 들리는 그의 말을 액면 그대로 받아들였다. 자신에게 불리한 것은 악이라는 것이다. 그렇다면 그 작가에게 선은 무엇일까?

제1차 세계 대전 이전에도 유럽의 중앙은행들은 로스차일드, 워버그 가문 등 유대계가 갖고 있었다. 그렇기에 독일인들은 『시온의정서』에 담긴 약간의 진실을 보고 『시온의정서』 전체가 진실이라고 믿었던 것이다.

글로벌리스트는 돈과 권력을 위해 루시퍼에게 영혼을 판 자들의 모임이지 유대민족의 세계지배 프로젝트를 위한 모임이 아니다. 그래서 글로벌리스트 중에는 유대 은행 가문뿐 아니라 록펠러, 빌 게이츠, 프란시스 교황 등 비유대인들도 있는 것이다. 『시온의정서』에는 약간의 진실과 많은 거짓이 섞여 있는데 뉘와 쌀을 가리려는 수고를 하지 않는다면, 유대인이 세계 금융을 지배한다는 자신이 아는 조금의 진실에 부합하는 내용에 꽂혀서 『시온의정서』 전체가 진실이라는 선동에 속아 넘어가기가 쉽다.

지금은 팬데믹에 이어 기근, 그리고 기근에 이어 적그리스도가 나타나기에 최적화된 상황이다.

진실을 밝혀내는 데는 수고와 노력이 들어간다. 베뢰아 교인처럼 진지하게 검증하려는 자세가 없다면 미혹이 역사하는 마지막 때는 기독교인이라도 히틀러 같은 자를 평화의 왕자로 받아들일 수가 있다. 저자는 독자 여러분에게 이 책의 내용도 검증해보기를 부탁드리고자 한다.

독일이 전쟁에서 패한 후, 패전국 독일의 비참한 상황보다 더 크게 마리아 바실레아 쉴링크 같은 깨어있는 기독교인을 괴롭힌 것은 '어떻게 루터를 통해 종교개혁을 이룬 독일이 히틀러 같은 사기꾼에게 속았는가?'라는 질문이었다.

하나님께서는 고통스러워하는 마리아 바실레아 쉴링크에게 데살로니가후서 2장 10-12절 말씀을 답으로 주셨다.

'멸망할 사람들에게 갖은 속임수를 다 쓸 것입니다. 그들은 진리를 사랑하지 않으므로 구원을 받지 못해 결국 멸망하고 말 것입니다. 그러므로 하나님은 그들 가운데 유혹을 보내 거짓을 믿게 하실 것입니다. 그것은 진리를 믿지 않고 악한 것을 좋아하는 모든 사람들이 심판을 받도록 하기 위한 것입니다.'(데살로니가후서 2:10-12, 현대인의 성경)

성경은 마지막 때 미혹을 조심하고 'Watch and pray' 깨어서 살펴보며 기도하라고 한다. 저자는 한국교회가 2015년에 비해 많이 달라졌다고 생각하지 않는다. 여전히 사람들은 진실을 알려고 하지 않는다. 깨어있는 사람들이 기도로 막아서지 않으면 한국에서 반유대주의가 더 크게 일어날 것 같아 무섭고 두렵다.

한국에서 반유대주의가 일어서지 못하도록 기도하자. 글로벌리스트의 계획은 성공하지 못할 것이다. 전 세계에서 그들에게 저항하는 사람들이 일어날 것이다. 전 세계에서, 특히 한국교회에서 이들의 악한 계획과 목적과 존재가 폭로되어 이들을 무너트릴 강력하고도 필사적인 기도가 올려지도록 기도하자.

지금은 마지막 때의 초입일 뿐 적그리스도의 왕국이 전 세계를 통치할 시기는 아니기에 글로벌리스트의 계획은 결국 좌절될 것이다. 주님께서는 이 환란을 사용하셔서 양과 염소를 구별하실 것이다. 적에게 봉사하는 자들은 결국 낭패를 보게 될 것이며 적과 타협한 기독교인들도 주님의 큰 책망을 받을 것이다. 저자가 믿기로는 하나님께서는 코로나 19가 발생하기 전에 이미 전 세계에서 글로벌리스트를 대적할 사람들에게 기름을 부으시고 세워 오셨다. 미국과 한국 등 전 세계에서 이들에게 저항하는 사람들이 성공적으로 이들 세력을 붕괴시키도록 기도하자.

별책

빌 게이츠의 책 『기후 재앙을 피하는 방법』에 대한 클린텔의 반박(2부)

　북위 20도에서 남위 20도 사이의 열대 지방은 그들이 선택한 시험 지역이며, 이곳은 모든 기후 모델들이 중간 대류권이 지표면보다 더 빨리 따뜻해질 것으로 예측하는 곳이다. 그러나 모든 모형이 이 지역의 관측치와 일치하지 않는다. 최근 BAMS(미국 기상학회의 게시판) 기후 보고서 상태(Blunden & Arnt, 2020)는 표 6에 표시된 그래프를 포함하고 있다.

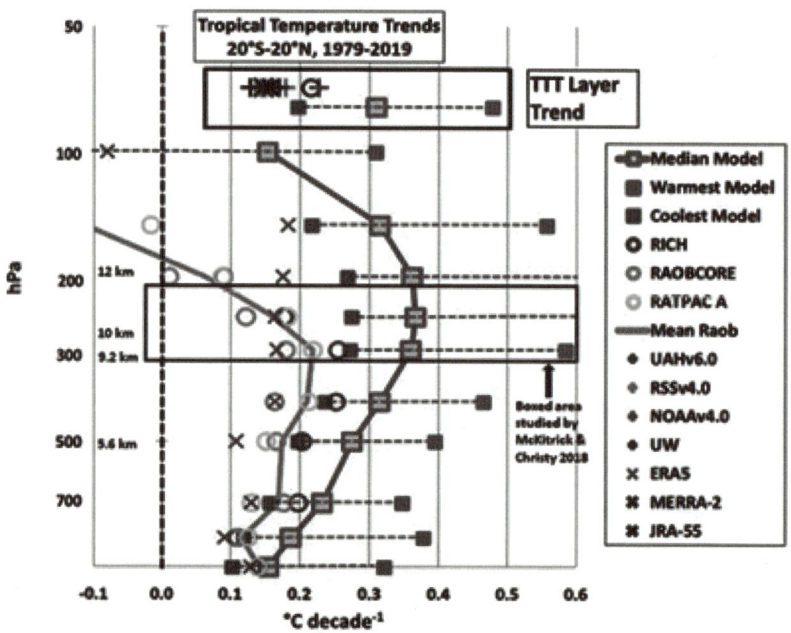

표 6. 적도 기온 동향(20S-20N, 1979년-2019년)

이 그림은 y축의 고도(공기압 밀리바와 동일) 대비 도/십 년(x축) 단위의 온난화 속도를 보여준다. 몇 개의 대략적인 고도는 킬로미터로 기록되어 있다.

본문에서 설명한 바와 같이 박스형 지역은 맥키트릭과 크리스티가 연구했다. 빨간색 실선은 온난화 속도에 대한 평균 기후 모델 예측이고 녹색 실선은 표시된 관측치의 평균이다. 이것들은 모두 1979년부터 2019년까지의 비율이다.(출처: BAMS, The State of the Climate 2019. Blunden & Arnt, 2020)

표 6에서 IPCC 기후 모델의 평균 모델 온도 상승은 굵은 빨간색 선과 빨간색 상자로 표시된다. 모든 모델을 포함하는 범위는 빨간색 점선으로 표시된다.

굵은 녹색 선은 같은 기간 동안의 관측치 평균이며 개별 관측치는 밝은 파란색, 노란색, 녹색 및 자주색 기호로 표시된다. 모든 기후 모델은 온실가스가 지구 온난화의 요인인 경우 9.2km-11.7km (300 hPa-200 hPa) 고도 사이의 박스형 지역에서 과도한 온난화를 예측한다. 그러나 로스 맥키트릭(Ross McKitrick)과 존 크리스티(John Christy)의 2018년 논문에서 볼 수 있듯이 중요한 영역에서는 온실 가스 효과가 모델에 포함되어 있으면 모델이 관측치와 겹치지 않는다.

온실가스 효과를 모형에서 제외하면 모형은 관측치와 일치한다. 맥키트릭과 크리스티는 이 실험이 기후 모델을 무효화하고, 온실가스의 온난화 영향을 과장하고 있음을 보여준다고 말한다.

여기서 우리는 우리의 목적을 위해 관찰이 빌 게이츠의 결론을 뒷받침하지 않는다는 것을 이해해야 한다. 그의 결론은 오로지 잘못된 모델 예측을 기반으로 한다. 빌 게이츠는 지구 온난화가 사망률을 높일 것이라고 믿는다.

우리는 인간이 항상 해 왔듯이 기후 변화에 적응하는 것이 최선의 접근이라고 믿는다. 빌 게이츠는 이에 동의하지 않는다. 빌 게이츠가 제안한 것처럼 온실 가스 방출을 완화하는 것은 온실 가스가 위험한 지구 온난화의 원인이라는 것이 입증된 경우에만 시도되어야 한다. 로스 맥키트릭(Ross McKitrick)과 존 크리스티(John Christy)는 이 추측이 잘못된 생각일 가능성이 있음을 보여주었다(McKitrick & Christy, 2018).

주장 1. 오늘날 화석 연료의 중요성과 화석 연료를 새로운 에너지원으로 대체하는 것이 얼마나 어려운 지를 강조한다. 화석 연료는 우리 경제와 번영의 기본이다. 화석 연료를 대체하기 위해 화석 연료보다 저렴하고 운송 및 사용이 쉬운 새로운 에너지원이 필요하다고 한다. 정부가 명령을 내리고 재정을 지원하여 새로운 기술을 개발해야 한다고 한다. 녹색 에너지 보조금과 탄소세를 부과해야 한다고 한다. 챕터 3에서 그는 우리에게 온실 가스가 어디에서 발생하는지 보여준다. 시멘트, 철강, 플라스틱(31%), 전기(27%), 농업(19%), 교통(16%), 냉난방(7%) 등이 주요 원인이다. 그런 다음 그는 녹색 에너지 보조금과 탄소세를 뜻하는 게이츠가 명명한 '녹색 보험료'의 개념을 소개한다. 그는 둘 다에 찬성한다.

4장에서 그는 전기에 대해 설명한다. 그는 미국에서 GDP의 2%만 전기에 소비하는데, 이는 미국의 전력 의존도를 고려할 때 놀랍도록 저렴하다고 한다. 오늘날 전기는 1900년보다 200배 더 저렴하다. 화석 연료가 너무 싸기 때문이다. 화석 연료는 2020년에 전 세계에서 사용하는 전기의 62%를 공급했다. 게이츠는 미국이 15% 전기요금을 인상함으로써 그의 목표인 순 배출량에 도달할 수 있을 것으로 추정한다.

반박 1. 다른 추정치에 비해 너무 낮은 것 같다. 독일은 온실가스 배출량의 60%를 감축하기 위해 노력해 왔으며, 현재 미국의 세 배에 달하는 전기요금을 내고 있다. 게이츠는 전기를 만드는 다양한 방법을 논의하지만, 핵을 제외하고는 모두 너무 비싸거나 너무 간헐적이어서 실용적이지 않다.

미래에 화석 연료를 대체할 수 있는 몇몇 유망한 새로운 핵 옵션들이 개발되고 있지만, 오늘날 사용될 수 있는 것은 재래의 핵분열 에너지 외에는 없다. 원전 건설에 필요한 규제와 허가가 너무 부담스러워 사실상 건설이 불가능하다.

주장 2. 제5장, 시멘트, 비료, 플라스틱, 철강과 같은 화석 연료로 만들어진 제품을 만들 때 많은 양의 CO_2가 배출된다. 하지만, 우리는 그중 어떤 것도 사용을 멈추지 않을 것이다. 사실, 게이츠는 세계가 더 번영할수록, 훨씬 더 많은 것들을 필요로 할 것이라고 추정한다. CO_2를 배출하지 않고는 이러한 제품을 만들 방법이 없을 수도 있지만, 게이츠는 생산되는 CO_2를 줄일 몇 가지 흥미로운 기술에 대해 논의한다.

반박 2. 그가 논의하는 모든 최신 기술은 오늘날 우리가 사용하는 것보다 훨씬 더 많은 전기를 사용한다.

6장에서 게이츠는 비료와 그것이 얼마나 중요한 지에 대해 논의하지만 모순되는 것처럼 보이는 CO_2 비료에 대해서는 언급하지 않습니다. 그는 또한 바이오 연료를 권장하지만 발전소에서 석탄을 대체하기 위해 목재 펠릿을 생산할 때 발생하는 부산물인 삼림 벌채에 대해서는 불평하는 모순을 보인다.

주장 3. 6장, 비료는 중요하다. 바이오 연료를 권장한다.

반박 3. 자신이 지분을 소유한 몬산토가 만드는 비료는 중요하다고 하면서, 이산화탄소 비료에 대해서는 그 중요성을 말하지 않는다. 발전소에서 석탄을 대체할 에너지로 사용하기 위해 바이오 연료인 목재 펠릿을 생산하려면 산림을 벌채해야 한다.

바이오 연료가 배출하는 CO2와 화석 연료가 배출하는 CO2는 같은 이산화탄소인데 왜 화석 연료 대신 바이오 연료를 쓰라고 하는지 이상하다. 게다가 대부분의 바이오 연료는 화석 연료보다 질소나 황 산화물과 같은 오염물질을 더 많이 생산하거나 적어도 이산화탄소만큼 배출한다.

주장 4. 7장, 이산화탄소 배출량의 16%는 인간의 운송 수단인 차다. 이 문제를 해결하려면 전기 자동차로 바꾸는 것이다.

반박 4. 전기의 62%가 화석 연료에서 나오기 때문에 별 차이가 없지만, 게이츠는 화석 연료 없이도 전기를 만들 수 있을 것이라는 가설을 세우고 있다. 그래서 그는 시보레 볼트와 시보레 말리부와 비교한다. 말리부보다 1만 6천 달러가 더 비싼 볼트는 작동하는 데 마일 당 10센트가 더 든다. 대부분의 사람들은 이러한 돈을 낼 여력이 없다. 게이츠는 미래에 아마도 서민들이 낸 세금으로 정부 보조금을 주어서 가격 차이를 줄이라고 할 것 같다.

주장 5. 바이오 연료는 게이츠의 운송 계획에서 선박과 항공기에 중요하다.

반박 5. 그가 인정한 것처럼, 바이오 연료는 환경 친화적이지 않다. 그들은 많은 경작지를 필요로 한다. 결과적으로 바이오 연료는 식량 가격을 올릴 것이고 많은 비료를 필요로 한다. 게다가, 그것들이 연소될 때 배출되는 이산화탄소는 화석 연료에 의해 배출되는 이산화탄소와 동일하며, 바이오 연료는 더 위험한 오염을 발생시킨다.

주장 6. 바이오 연료 CO2는 다른 식물에게 되돌아간다

반박 6. 이 가설은 좀 우스꽝스럽다. 화석 연료 CO2도 동일하게 식물로 들어갈 수 있기 때문이다. 화석 연료는 굳이 나무를 베거나 음식을 에탄올로 만들지 않고도 사용할 수 있다.

주장 7. 8장, 게이츠는 천연가스 가열에서 전기로 전환하여 전기를 화석 연료에서 다른 녹색 에너지원으로 바꿀 때, 모든 난방과 냉각에 화석 연료 사용이 없게 될 것이라고 제안한다. 그는 또한 실용적인 경우 열펌프 사용을 권장한다.

반박 7. 9장에서 게이츠는 기후 변화에 적응하는 방법에 대해 논한다. 그는 오늘날 세계에서 가장 가난한 나라에 대한 외국의 원조가 기후 지역으로 옮겨지고 있다고 지적한다.

게이츠는 백신, 건강, 영양이 녹색 에너지로 전환되는 것을 원치 않는다. 이 점에 있어서, 클린텔 저자도 이 의견에는 완전히 동의한다. 매우 불행한 일이지만, 정치적인 이유로 제3 세계의 가난한 사람들이 기후 변화에 적응하는 것을 돕는 데 적은 돈이 쓰이고 있으며, 대신 녹색 에너지로 전환되고 있다.

주장 8. 또한 제3 세계 농부들의 수확량을 증가시키는 농업 회사들에 의해 개발되고 있는 다양한 새로운 작물들에 대해 논한다.

반박 8. 이상하게도, 그는 대기 중에 이산화탄소량이 늘어나면 농작물들은 성장을 위해 훨씬 적은 양의 물을 필요로 하므로 가뭄에 훨씬 잘 견딜 수 있게 된다는 사실은 말하지 않는다.

주장 9. 제10장은 민간 부문에 대한 정부의 개입을 더 많이 요구하는 탄원서이다.

반박 9. 게이츠는 또 정부 연구개발비를 더 받기를 원한다. 클린텔 저자는 정부의 과학 연구 자금이 과학을 타락시켰다고 믿는다.

저자는 이 주제에 대해 자신의 저서인 『2020년 5월, 정치와 기후 변화 역사』에서 훨씬 더 자세히 토론했다. 게이츠는 또한 화석 연료 없는 에너지로 대중을 '지도' 하기 위한 정부 보조금의 신봉자이다.

게이츠는 미국에서 천만 개 이상의 일자리를 지원하는 화석 연료 산업을 파괴하는 것이 미국 경제에 얼마나 큰 악영향을 가져올 것인지에 대해 간략하게 논한다. 화석 연료 사업을 통해 만들어진 일자리는 고임금 일자리이다. 그 반면 녹색 에너지 분야나 서비스 분야는 훨씬 더 보수가 낮다. 게이츠는 이에 대한 해결책을 제시하지 않았다.

주장 10. 11장, 게이츠는 2030년까지 이산화탄소 제로 배출에 도달하려는 시도는 불가능하다는 것을 인정한다. 하지만 그는 2050까지는 해낼 수 있는 것처럼 목표를 제시한다.

반박 10. 2019년 에너지 전망에서 2040년 석유, 가스, 석탄이 전 세계

에너지의 76%를 공급할 것으로 전망하고 있는데, 2050년까지 어떻게 제로(0)에 도달할 수 있다고 하는지 이해할 수 없다.[66]

---

[66] May. A. (2021년 2월 17일). *A review of Bill Gates' New Book "How to avoid a climate disaster"*. Amsterdam:Clintel. 2021년 3월 15일에 검색함. https://clintel.org/a-review-of-bill-gates-new-book-how-to-avoid-a-climate-disaster/

**코로나 19는
시작일 뿐
경제 몰락이
오고 있다**

초판 발행	2021년 4월 10일
2쇄 발행	2021년 5월 12일
펴낸곳	물댄 동산(옛적 그 선한 길)
지은이	이에스더
홈페이지	https://www.youtube.com/user/theoldpathway1967
	https://cafe.daum.net/theoldpathway
주소	제주도 서귀포시 사계남로153번길 32-2(63528)
문의	010-5766-2846
정가	12,000원

'이 책은 저작권법에 의해 보호를 받는 저작물이므로 무단 전재와 복제를 금합니다.'
'잘못된 책은 교환하여 드립니다'